日本妖怪

目录

二 水里的妖怪

三 村里的妖怪

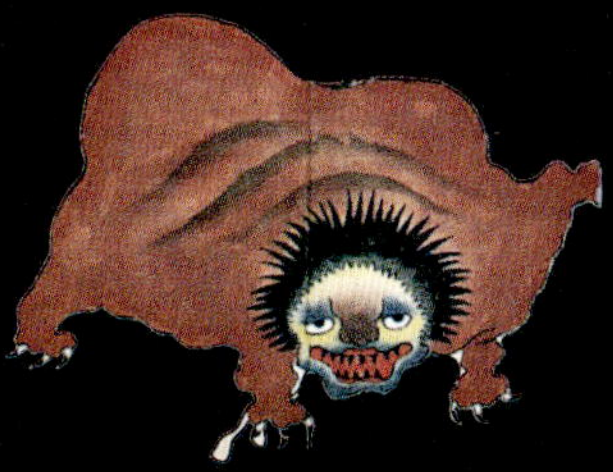

四 宅院里的妖怪

妖怪大集合

《妖怪图》 秀斋

早稻田大学图书馆藏

卧病在床的后鸟羽法皇梦中出现的妖怪大游行

大金

築地
大

《百种怪谈妖物双六》

歌川芳员

东京都立中央图书馆特别文库室藏

九尾の狐
嵯峨原の獨目
挑灯お岩
坂東太郎の河童
幽谷響

一 山里的妖怪

人们自古以来就认为：山里跟海底一样，是被神秘力量统治的世界。对在山里干活的人来说，统治山的山神和自己关系最密切，同时又是最可怕的。在人们的想象中，山神改头换面，变成了“鬼”“天狗”“山姥”“山爷”“一目小僧”“大百足”“大太法师”等面目狰狞的妖怪。

妖怪是什么？

岩井宏实

自古以来，无论是住在村落、山里还是海边，人们都不得不面对大自然生活。然而，大自然拥有一种超越人力的神秘力量，使人们在生活中随时意识到它的强大。大自然经常发生莫名其妙的事情和不可思议的现象，让人们恐惧不已。这些事情和现象就是所谓“妖怪”。古时候的人把妖怪称为“鬼魂”，还用“百鬼夜行”“魑魅魍魉”等可怕的词语来描述，后来才习惯称之为“妖怪”或“怪物”。

这些神秘的事情和现象，起初可能只有一两个人遇到或经历过。但是，很快它们就成了过着同样生活的人的共同意识。既然有着同样的知识和经验，那么人们对灵魂或神的观念也就逐渐趋同了。于是，按人们想象而呈现出某种特定样貌的妖怪应运而生，开始与人类打交道。虽然日本列岛南北相距很远，各地妖怪的形象或出场方式却大致相同。

在人们的观念中，妖怪这种神秘之物，无论会给自己每天的生活带来幸运还是不幸，那都是神的安排。就这样，人们逐渐产生了把神和妖怪视为一体的想法。而且，在众神之中，也有很多这种情况：神圣的灵所拥有的神秘力量逐渐衰弱、没落之后，就被认为变成了妖怪。对人类有益的妖怪被当作神来崇拜，而对人类有害的妖怪则一直都是可怕的妖怪。

妖怪的形象会随着人类的想法而发生变化，也会随着时代变迁而发生变化。妖怪经常危害和恐吓人类，但有时也会给人类带来恩惠。

《百鬼夜行绘卷》
日本国立国会图书馆藏

当人类侵犯妖怪的领域，破坏其神秘性，或者违反了人伦道德时，妖怪就会对人类进行无情的恐吓和精神压迫；但如果人类与妖怪亲近而友好地相处，而且在生活中遵守道德，那么妖怪就会帮助人类，或者给人类带来快乐。

另外，妖怪还能通过与人类进行交流，在人类精神紧张时给予心理安慰。这种两面性正是日本妖怪的特色。

鬼 おに

让人害怕的鬼，给人带来好处的鬼

日本人所说的鬼

鬼，是日本代表性的妖怪。在各种妖怪中，鬼最残暴且能力强，经常面目狰狞地跳出来抓人或袭击人。自古以来人们就很怕它。不过，鬼有时候也会为人驱除作恶的冤魂。

在日语中，有很多跟“鬼”有关的谚语。例如：“鬼眼也会流泪”[1]表示铁石心肠的人偶尔也会心软，“鬼持铁棒”[2]表示如虎添翼，“像砍了鬼头一样”[3]表示立下大功而得意扬扬。此外，还有“趁鬼不在喘口气”[4]，“工作之鬼”[5]，“空谈明年事，鬼都嘲笑你”[6]等许多谚语或俗语。

另外，鬼自古以来就经常在历史书、物语或能乐、歌舞伎等传统戏剧以及地方戏曲中出场。由此可见，鬼在日本人的心中占据着非常重要的位置。

1. 日语原文为“鬼の目にも涙”。——本书脚注均为译者注
2. 日语原文为“鬼に金棒”。
3. 日语原文为“鬼の首をとったよう”。
4. 日语原文为“鬼のいぬ間に洗濯”，表示趁害怕的人不在时好好放松一下。
5. 日语原文为“仕事の鬼”，表示工作狂之意。
6. 日语原文为“来年のことをいうと鬼が笑う”，表示将来的事无法预测。

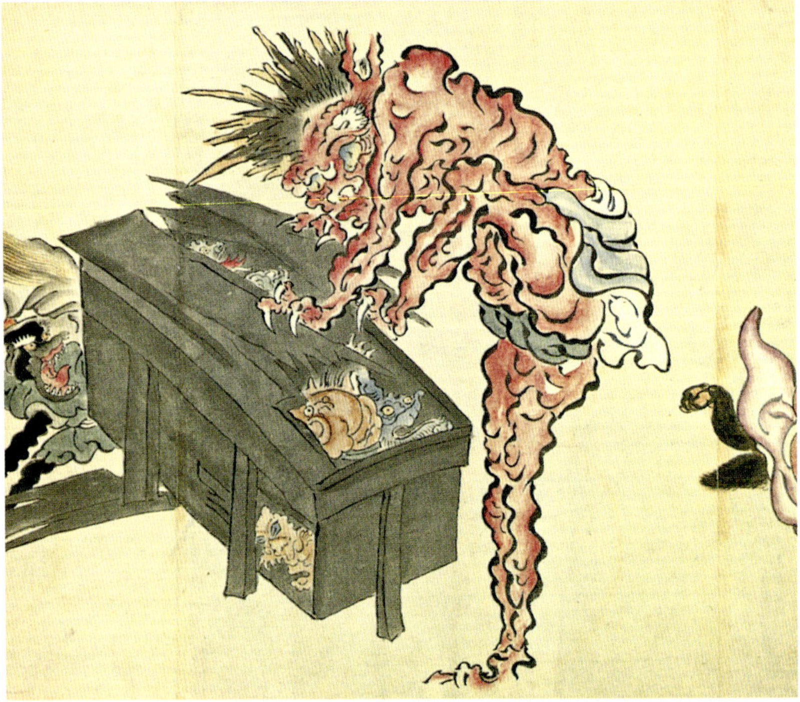

《百鬼夜行绘卷》日本国立国会图书馆藏

吃人的鬼

从前，某地（位于现在的奈良县）有个女子，一直没遇到意中人。后来有人来提亲，她就同意了。结果在成亲当晚，她被吃得只剩下头和手指。原来那个新郎是鬼。这是奈良时期的传说，收录在平安时期编纂的佛教故事集《日本灵异记》里。那个时代的人们相信：含冤而死之人的亡灵会变成鬼，然后诅咒死世上的人。

能乐《黑冢》则讲了个关于“鬼婆”的故事。鬼婆住在福岛县阿武隈川东岸的安达原上。每次有路过留宿的旅客，鬼婆都会吸其血，食其肉。

奈良时期，和歌山县熊野有个名叫东光坊祐庆的和尚。他在全国各地修行，途经此地时，看见有间石屋，屋里住着一个老太婆。和尚见夜色已深，便请求在此留宿一晚。

老太婆请他进屋，然后说：“我现在要去山里取柴。你待在这里，但千万不能偷看卧室。”说完就出去了。和尚觉得好奇，就朝卧室里看了一眼——里面竟然堆着许多具被咬死的人的尸体！和尚大吃一惊，急忙逃到

屋外。老太婆发现之后，现出鬼的原形，紧追起来。眼看就要被追上，和尚对着随身携带的佛像诵念秘密咒语。佛像顿时飞到空中，向鬼婆放箭，将其击退。

大江山的酒吞童子

在各种鬼故事中，最有名的是“大江山的酒吞童子”。

传说在京都府北部丹波的大江山住着鬼，经常抓走京都城里以及附近一带的人，十分可怕。这些鬼的首领长着喝过酒似的红脸，样子如孩童，所以被称为酒吞童子。有一次，池田中纳言的公主被抓走，源赖光[1]受命

岛根县大元神乐的般若面具
日本国立民族学博物馆藏

1. 源赖光（948—1021）：日本平安时期的武将。

《赖光四天王大江山降鬼神之图》
月冈芳年
日本国立国会图书馆藏

前去讨伐。源赖光带领四名部下，打扮成修验道僧人，向大江山进发。来到大江山之后，源赖光和喜欢喝酒的恶鬼一起畅饮，骗他们喝下毒酒，趁其醉倒时，砍下他们的脑袋，救出了公主。

在日本，人们自古就相信，神来到世上时是以“童子”的面目出现的。所以，酒吞童子被认为是山神（参见 76 页）沦落而成的鬼。而山神是人类祖先的灵魂进入深山变成的。

《罗生门渡边纲斩鬼腕之图》
月冈芳年
日本国立国会图书馆藏

山神原本是统治山林，时而给人带来恩惠，时而给人以严厉惩罚的神。但佛教传入日本并广为流传之后，人们对神的传统信仰就渐渐变淡薄了。最澄[1]法师在比睿山创建延历寺，以其作为天台宗的中心地之后，原本统治着比睿山的山神就被赶走，盘踞于大江山，变成样子如孩童的鬼，祸害人间。

变成各种样貌的鬼

佛教认为，生前作恶多端的人死后坠入地狱，而地狱里的狱卒就是鬼。《地狱图》的创作目的是向人们展现地狱的恐怖，所以画中的鬼面目狰狞，对下地狱之人百般折磨。

人们熟悉的鬼的形象是在中世（镰仓时代和室町时代）形成的——外形像人，头上长角，有獠牙，肤色或红或青，赤身露体，腰间系着虎皮兜裆布，手上拿着铁棒。

不过，面目狰狞的鬼还可以变成小伙子、美女、小女孩等各种样貌，以此骗人。

平安时代的民间传说集《今昔物语》记载了这样一个故事。某个月圆之夜，三个年轻的姑娘在松林间走路。走着走着，她们遇到一个站在松树底下的男人。他拉着其中一个姑娘的手走进树荫里，然后两个人说起话来。另外两个姑娘以为同伴很快就会回来，便留在原地等待，不料谈话声停止后仍不见她走出来。过了片刻，两人往树荫里一看，只见地上是同伴七零八落的残肢断臂。

能乐中有一出戏剧叫《红叶狩》，内容大致是这样的：平惟茂去长野县户隐山猎鹿，遇到一位身份高贵的美丽女子，她带着侍女在赏红叶。女子频频向平惟茂劝酒，待其喝醉酣睡时离去。忽然，平惟茂睁开眼睛，看见女子变成了恶鬼，正要向他扑过来。他吓得一边向八幡大菩萨[2]祈祷，一边挥舞神剑，才好不容易降伏了恶鬼。

江户时代出版的书则记载了这样的故事：小石伊兵卫尉带着有身孕的妻子进山，妻子在山中生下孩子。这时刚好有个女子经过，伊兵卫尉就拜托她照顾婴儿。不料那女子突然大大地张开嘴巴，一口把婴儿的头吃掉了。

---

1. 最澄（767—822）：日本平安时期的高僧，日本天台宗的开山鼻祖。
2. 八幡大菩萨：日本的弓箭之神，能镇守家园，祛除灾厄，保佑人才平安，因此信者甚众。

源頼光卿
子十二
一寿斎
芳員

《源赖光进大江山之图》歌川芳员
静冈县立中央图书馆藏

驱除恶灵的鬼

类似这种鬼抓人、鬼吃人的恐怖故事有很多。不过，民间传说中也描绘了各种各样反过来被人惩罚的鬼、帮助人的鬼。例如：《桃太郎》里被痛打一顿的鬼，《一寸法师》里用万宝槌帮一寸法师把身体变得高大起来的鬼，《摘瘤爷爷》里把善良爷爷的瘤子摘下来安到坏心肠爷爷的脸上的鬼……

人们自古相信，鬼能够发起雷、风、暴风雨等人力无法控制的天象。因此，雷神、风神也被描绘成鬼的模样。同时，人们又相信，平息或赶走

《新形三十六怪撰·平惟茂在户隐山降伏恶鬼之图》
月冈芳年
日本国立国会图书馆藏

风雨雷电、守护人们生活的也是鬼，并在传统戏剧和节日活动中将其表现出来。

另外，人们还认为，鬼会在一年中固定的日子来访。二月的节分[1]即是一例。为了不让鬼在节分当晚侵入家中，人们在门口插上沙丁鱼的头或柊树叶，或是撒豆子。这个风俗习惯源于从中国传来的“鬼会害人”的观念。

而在有些地方，人们把鬼视为能给人带来幸运的神。出于这种想法，他们在节分撒豆子时不是喊一般的“鬼出去，福进来”，而是喊“福进来，鬼也进来”。

延历寺的僧人良源，化身为鬼，祈祷驱除疫病神。画着这个形象的护身符，被称为角大师

《桃太郎撒豆驱邪之图》
月冈芳年
早稻田大学图书馆藏

1. 节分：日本自古将立春、立夏、立秋、立冬的前一日称作节分。江户时代以来，节分多指立春的前一日。节分有这样的风俗习惯：人们一边喊着“鬼出去，福进来”，一边把炒熟的黄豆撒在屋内和院子里，以驱邪招福。

《桃太郎撒豆驱邪之图》
月冈芳年
早稻田大学图书馆藏

天狗 てんぐ

长鼻子、红脸，住在深山里，能在空中飞来飞去

天狗与人的关系

天狗和鬼并列，是山中妖怪的代表。天狗长着红脸和长鼻子。在日语中，“高鼻子”[1]用来形容得意扬扬的心情，如果这种心情过于强烈而变得傲慢自大，则说成“变成天狗”[2]。

天狗穿着类似修验道僧人的服装，手里拿着羽毛扇，有神通法力，可以随意在空中飞来飞去。不过，天狗的这种形象是在室町时代才固定下来的。在那之前，各个时代、各个地方的天狗的形象各不相同。有像大流星的，有像狸子的，也有长着乌鸦嘴巴的（也就是“乌鸦天狗”）。可见，天狗和人们的生活有着密切的关系。

不管是谁，走进深山都会觉得不安和恐惧。从古至今都是如此。因此，人们认为山里的奇怪声音和山火等现象都是隐身的天狗所为。正因为看不见，人们才确信它具有人类难以想象的怪力。

1. 日语原文为“鼻が高い”。
2. 日语原文为“天狗になる”。

《和汉百物语·宫本无三四》

月冈芳年

日本国立国会图书馆藏

宫本武藏在山中与修行僧决斗。修行僧一被击倒，就立刻变成天狗逃走了

《宫本无三四》
歌川国芳
日本国立国会图书馆藏

天狗倒和天狗鼓声

有一种奇异现象叫“天狗倒”——人在深夜听到用斧子或锯子砍伐树木的声音，次日早晨去附近察看，却发现并无异样。另外，还有“天狗砾”——人在晚上进山，不晓得从哪里飞来许多小石子，仔细看的话，小石子却又不见踪影。

还有“天狗笑”——大白天的，周围明明没人，却突然听到大声叫唤自己的声音，或哈哈大笑声。群马县流传着这样一个故事：有人在山路上独自行走时，似乎听到谁在笑，环顾四周却不见人影。继续往前走时，又听到一阵大笑声，于是他也以笑回应，结果听到更大的笑声。他觉得很害怕，一溜烟逃回家去了。

有的天狗不只是笑，还会跟人搭话。在和歌山县，有个名叫多七的人外出办事，回来时天色已晚。经过一片松林时，他看见一棵大树下整齐地摆放着一双草鞋，本想顺手牵羊拿走，但还是打消念头，从大树旁走过。这时，树上突然传来一个声音：“你的人品不错嘛。”这是天狗在对他说话呢。

除此之外，人们还会在山里突然听到太鼓和伴奏的声音。这就是“天狗鼓声”“天狗伴奏声”。在群马县，传说在雨雾迷蒙的日子里，人们会听到呜呜的笛声和咚咚的鼓声。

天狗火和天狗摇晃

半夜，有时会发生火球飞舞的现象，即“天狗火”。

在爱知县，有个名叫留吉的人，拂晓出门去割草时，看见对面山上有一颗火球向上飞舞。不一会儿，火球变成两颗，然后越变越多，最后看上去就像一片熊熊燃烧的火山。

另外，还有关于天狗摇晃山间小屋或普通房屋的传说，即“天狗摇晃”。

在爱知县东部，发生过一件奇异事件，天狗的几种恶作剧同时出现了。一个名叫三作的樵夫，和八个同伴一起进山，在山间小屋过夜。半夜，大

家一起喝酒狂欢。突然，山上有石头滚下来，小屋摇晃不止，还有火球飞过来……一下子，大家全都酒醒了，个个吓得半死，就这样过了一夜。天亮后出去看，周围却没有任何痕迹。

天狗隐

前面讲到的这些故事里，尽管当事人被吓得魂飞魄散，但实际上天狗并没有给人带来祸害。不过，也有关于天狗害人的故事。

日本民俗学之父柳田国男（1875—1962）在其著作《远野物语》（《远野物语》收集了岩手县远野地区流传的故事，是作者根据当地人佐佐木喜善的口述以及自己探访的素材辑录而成）中记载了以下的故事。

有个自恃力气很大的小伙子进山里干活，又累又困便睡着了。醒来时，他看见一个红脸膛的壮汉正俯视着自己，就问："你是从哪里来的？"但对方没有回答。小伙子猛扑过去，想撞开对方，不料自己反而摔了出去，没了意识。他后来苏醒过来，什么事也没有。那年秋天，村里人进山去采摘胡枝子，准备回去时，忽然发现那个小伙子不见了。大家连忙去找，最后在山谷底下找到了手脚全被扭断的小伙子的尸体。

天狗的各种恶作剧中，最可怕的是"天狗隐"——能让小孩、年轻人或老人突然消失。日本各地流传着很多遭遇"天狗隐"而失踪的人的故事。

不过，也有失踪后又回来的人。他们回来之后讲述自己的奇幻经历：被带到天狗巢穴，或被带去游览名胜。石川县有个名叫伊右卫门的老人突然失踪了，村里人分头去找，结果发现他脸色苍白地坐在和邻村分界处的松树下，口中呼喊："我是伊右卫门，最爱吃青花鱼！"据说，天狗讨厌青花鱼，如果听到人这么说，就会把他放走。

《东海道名所之内·秋叶山》

汤川周麿

日本国立国会图书馆藏

受天狗的恩惠

石川县的金泽地区流传着这样的故事：有人如愿以偿地变成了天狗。

江户时代加贺藩的长老府中有个年轻武士，他一心盼望着自己能变成天狗。终于有一天，他消失不见了。后来他出现在主人的梦中，说“我终于变成天狗了。感谢您一直以来的关照，请收下这个吧”，并把马鞍和护身符递给主人。据说，人被天狗抓走，只要拿着这个护身符去找，就一定能找到。主人醒来后，发现马鞍就挂在后院的枫树枝上，护身符则在枕头边。这个护身符据说非常灵验。

下面这个故事也是发生在石川县的。有个人某天夜里被天狗抓走了，

《画图百鬼夜行》
鸟山石燕
日本国立国会图书馆藏

几年后又突然回来了，然后用天狗教他的方法做豆馅年糕拿去卖，生意非常红火。

除此之外，各地还流传着许多关于天狗教人剑术或向人传授神力的故事。平安末期到镰仓初期的武将源义经，幼年的名字叫牛若丸，据说曾去京都北部的鞍马山向天狗学习武艺。

这些故事说明了，天狗有恐吓人、害人的一面，也有给予人恩惠的一面。由此可见，天狗和人之间的往来非常密切。

天狗的失败

有些和善的天狗跟人混熟了，偶尔还会输给人。

从前，某个村子的几个鱼贩子聚在一个叫天狗岩的地方赌博。这时，天狗出现了，说自己也想玩。就这样，天狗加入了大家，赌局重新开始了。但因为天狗从来没有赌博过，一直在输。天狗一开始输掉了团扇，接着又输掉了脚上穿的木屐，最后竟然连用来隐身的“隐身蓑衣”也输掉了。

起初，天狗住在远离人群的深山里，人们对其心存敬畏。各地都有叫天狗松、天狗杉的大树，人们认为那是天狗的住处，是神灵从天上降临地上时的暂住之地。也就是说，天狗被人们尊为神灵。天狗恐吓人、害人，其实是对侵犯神灵领域之人的惩罚。

随着天狗和人的接触越来越多，天狗渐渐与人接近，住到村子里，甚至像传说中的那样，发展到输给人的地步。

《芳年漫画·舍那王于鞍马山学武术之图》

月冈芳年

东京都立中央图书馆特别文库室藏

大太法师 だいだらぼう

身背富士山、脚踏沼泽的巨人

创造山和沼泽的大太法师

日本各地流传着关于巨人大太法师的传说，但茨城县、神奈川县、长野县、山梨县等地对其称呼略有不同。早在编纂于八世纪的《常陆国风土记》[1]里就已经出现过“大太法师”这个名字。

神奈川县的相模原市有鹿沼和菖蒲沼这两个沼泽。相传这两个沼泽的来由是这样的：从前，有个名叫大太法师的巨人背着富士山来到这附近，觉得太重了，就坐下来歇一会儿。过后，他想要站起来，却发现因为富士山太沉而起不来，最后连捆绑的绳索都绷断了。那时，他太用力以至于脚下踩出两个大坑，形成了鹿沼和和菖蒲沼。他想找藤蔓做绳索，也没找到，生气地跺了一下脚，于是形成了后来的跺脚沼；兜裆布拖曳留下的痕迹则成了名为兜裆布洼的洼地。

长野县的浅间山和碓冰岭之间住着一个名叫地大法师的巨人，身体比浅间山还要高大。有一天，地大法师坐在碓冰岭上，双脚伸到妙义山的山谷间，就这样睡起了午觉。没想到一只野猪把他的脚给咬了。他非常生气，一把捏死野猪，然后在岩石上架起锅炖起肉来。炖好后，他把锅端到离山，

1.《常陆国风土记》：记录了常陆国（现在的茨城县）风土、物产和文化的古书。

茨城县水户市的大串贝冢公园里的大太法师像。根据《常陆国风土记》记载，从前，有个巨人从山冈上伸手到海边挖蛤蜊。巨人吃剩的贝壳堆积起来，就变成了山冈
图片提供：水户市教育委员会

正准备吃时，脚不小心撞到岩石，结果锅里的肉汁泼洒出来，渗入泥土。从那以后，这片土地涌出来的泉水就带有咸味了。

爱知县的尾张富士山[1]，相传也是古时候巨人搬运的泥土落下来形成的。据说，挖土之处成了如今的琵琶湖，堆土之处则成了今天的富士山。

帮忙干农活的“大人”

在青森县，人们把巨人称为“大人”。从前，岩木山的山脚下住着一个名叫弥十郎的农民。有一天，弥十郎上山去砍柴，出现一个“大人”，他说：“我们来玩相扑吧。”于是，弥十郎和他玩起相扑，直到天黑才回家。半夜，弥十郎听到巨响。第二天早上起床去看，屋前堆满了木柴，跟一座小山似的。

从那以后，弥十郎和“大人”成了好朋友，“大人”会帮忙做一些事情。他从谷底引水灌溉村里的农田。村里人把这称为“逆水”，并把村名改为“鬼泽村”。

1. 尾张富士山是位于爱知县犬山市南部的山，海拔 275 米。

可是有一天，“大人”被弥十郎的妻子撞见，从那以后他便不再出现了。据说，弥十郎后来也进山变成了“大人”。鬼泽村里有一座“鬼神社”，里面供奉着一把大锄头，据说这是“大人”曾经使用过的。在村民看来，“大人”就是鬼。

长崎县流传着这样的传说：有个名叫味噌五郎的巨人坐在云仙岳，右脚搁在多罗岳，左脚搁在天草，然后捧有明海的水洗脸。

人们把大太法师看作创造了山和沼泽的巨人或鬼。其实，一开始人们是把他当作创造了自然界的伟大神明来信仰的，后来这种信仰逐渐衰微，大太

《绘本百物语·手洗鬼》竹原春泉
川崎市市民美术馆藏
手洗鬼是大太法师的手下，据说住在现在的香川县附近

弥五郎像
日本国立民族学博物馆藏

法师的形象变成了力气大的巨人或鬼，然后出现了解说地名由来的传说。

鹿儿岛也有个关于“大人”弥五郎的传说。弥五郎被认为是古代住在九州地区的“隼人”的首领。隼人起来反抗大和朝廷，后来被宇佐八幡（位于大分县宇佐市）的神平定了。相传，弥五郎是创造了山和沼泽的巨人。各地流传着许多跟他相关的地名的传说，例如：弥五郎踩出来的脚印，弥五郎用泥土堆起来的山。在每年举行的弥五郎祭活动中，人们还能看到高近5米的“弥五郎像”在街上缓步前行。

木灵 こだま

寄居在树木里的精灵

树木精灵

寄居在百年老树里的精灵有时会现身，人们将其称作“木魂”或“木灵”。

能乐剧目《芭蕉》里出现的芭蕉精就是树木精灵。芭蕉精来到正在念经的和尚面前，问道：“无心的草木，死后能成佛吗？”

有一种树木精灵名叫“彭侯”，据说它是千年老树的精灵，形似黑犬，没有尾巴，长着人脸。过去，中国的吴国有个名叫敬叔的人，他砍一棵大樟树时，树里有血流出来。往里一看，发现一只动物正在流血。据说那就是彭侯。

除此之外，各地还流传着各种树木精灵的传说：熊本县和京都府有山茶树精“木心坊”，冲绳县有“椎树精”和古柳精“柳婆”。

寄居在冲绳的古树里的精灵

在冲绳县，据说榕树、雀榕树之类的树木老了后就会变成精灵。榕树精的头发很长，全身覆盖着毛，至于体形大小和毛色，各地说法不同，有说大小如婴儿，长着红毛；有说体形很大，长着黑毛。

而且，各地榕树精的习性也不相同。有的能站在水面上，有的能拖着

《绘本百物语·柳婆》
竹原春泉
川崎市市民美术馆藏

人在水面上奔跑。此外，榕树精点燃的火还能在海面上飞速滚动。这火来到身边时，万不可声张，因为一出声，人的灵魂就会被夺走。另外，榕树精还搞恶作剧，它会趁人晚上睡觉时，从门缝里钻进来，把人按住，或把灯笼吹灭。

不过，榕树精这种妖怪也会为人做好事。从前，有个小伙子和榕树精成了好朋友，每天晚上跟着它出去捕鱼。捕捞上来的鱼，榕树精只吃左眼，剩下的全都给小伙子。小伙子靠卖鱼过上了富裕的日子。

但是，小伙子后来觉得和榕树精做朋友有点可怕，就问它：“你最讨

厌什么东西？”榕树精回答：“我最讨厌章鱼。”于是，小伙子把章鱼挂到自己家的门上，榕树精就再也没有来了。很快，小伙子变成了穷光蛋，没过多久就死掉了。

爱笑的人面树和流血的树木子

据说，山上生长着这样一种树——花呈人脸形状，虽然不会说话，但经常笑；一笑花就凋落了。这种树叫“人面树”，据说是茶梅树的精灵。

《今昔百鬼拾遗·彭侯》
鸟山石燕
日本国立国会图书馆藏

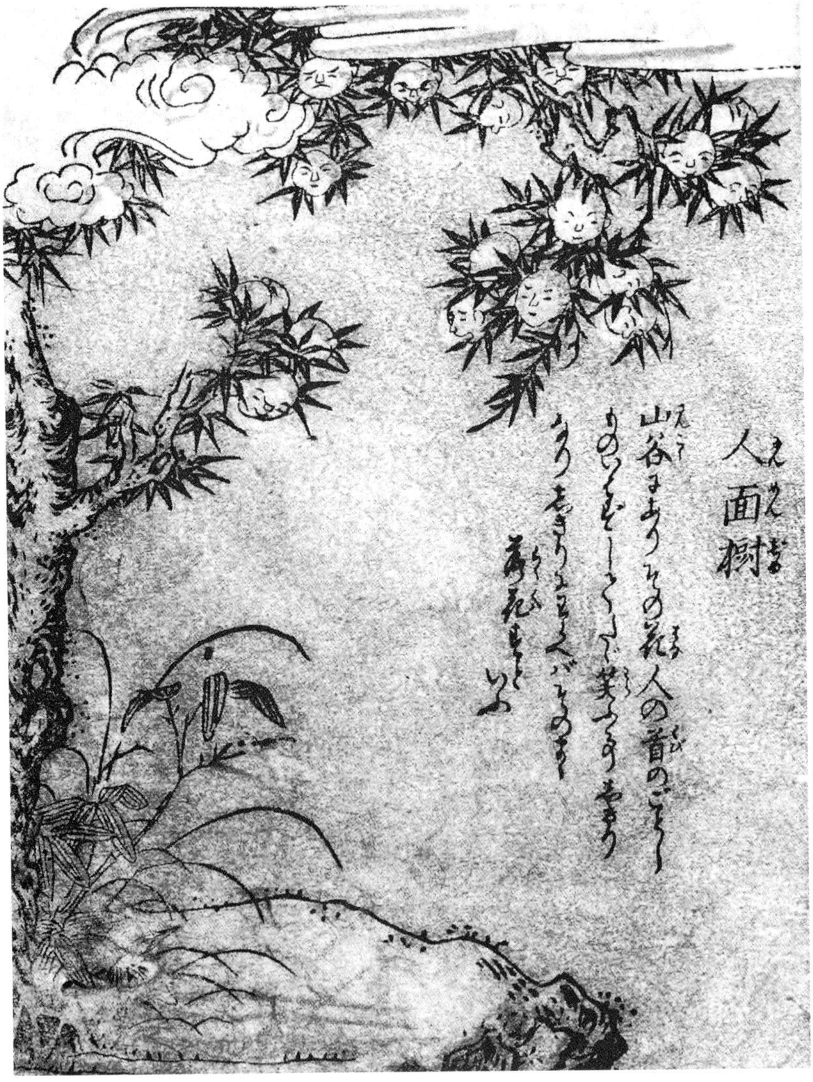

《今昔百鬼拾遗·人面树》
鸟山石燕
日本国立国会图书馆藏

青森县的某座寺院里有一棵树，一有损伤就会渗出血来。一个叫作善藏的男子试着折断树枝，果然渗出血来。人们害怕遭报应，就在树干上雕刻了佛像，以此安抚树木的精灵。这棵树本来是桂树，所以又被称为“佛桂”。

据说，流血的树是吸了从树下走过的人的血。这种树被称为“树木子”，生长在曾经有过很多战死者的古战场遗址上。

《百鬼夜行·木魅》
鸟山石燕
早稻田大学图书馆藏

蛇 へび

水神、山神化身为执着的妖怪

神话里的八岐大蛇

自古以来，蛇就被当作山神或水神来崇拜。各地流传着许多关于蛇的传说，例如:《蛇女婿》——蛇神变成英俊的小伙子，和人类女子成婚;《蛇媳妇》——蛇神化身为美女，生下小孩。另外，各地的人们还相信池塘和沼泽的主人是大蛇，干旱的时候会举行求雨仪式。

古代神话里出现的妖怪，最广为人知的就是八岐大蛇了吧。八岐大蛇是拥有八个脑袋、八条尾巴的巨蛇。

天照大神的弟弟须佐之男命因为性格粗暴，被驱逐出众神居住的高天原。他来到人间的出云国，也就是现在的岛根县，看到一户人家的老夫妇和女儿在哭泣，便上前问缘由。老夫妇说：“八岐大蛇每年都让我们送一个女儿去当供品，至今已经连续送走七个了，今年轮到最后剩下的第八个女儿奇稻田姬。”

须佐之男命让老夫妇准备八个缸，里面装满酒，给大蛇喝。大蛇现身后，八个脑袋分别钻入八个缸喝酒，全都喝醉了。须佐之男命趁机将其降伏。

《八头大蛇》
小林永濯
早稻田大学图书馆藏

《道成寺绘卷》

日本国立国会图书馆藏

变成大蛇的清姬缠绕住安珍藏身的吊钟

《破奇术赖光捕捉袴垂》

歌川芳艳

（“袴垂”是指平安时代的传说中的盗贼袴垂保辅）

早稻田大学图书馆藏

安珍和清姬的故事

和歌山县的道成寺自古就流传着安珍和清姬的故事，非常有名，这个故事充分表现了蛇的执着。年轻僧人安珍去熊野修行，途中经过和歌山县，被清姬一见钟情。苦于清姬纠缠，安珍不得已约定：从熊野回来后一定和她成婚。但事实上，他失约逃跑了。清姬大怒，变成大蛇游过日高川，追赶而来。安珍躲进道成寺的吊钟里。清姬缠绕吊钟七圈，猛喷火，把安珍烧死了。据说，这条执着的大蛇原本是水神，变身成了清姬。

《和汉百物语 · 清姬》 月冈芳年
日本国立国会图书馆藏

狼 おおかみ

变成老太婆，袭击旅客

送人狼和铁匠婆

现在，“送人狼”这个词经常用来表示“假装热心送女人回家，然后在半路图谋不轨的男人”。不过，以前真的有一种狼叫作“送人狼”——它们跟在走山路的人后面，趁人绊倒的时候扑上去把人吃掉。有的地方把“狼”叫作“犬”，兵库县就有“送人犬”的说法。

送人狼是为吃人才尾随在人的身后。如果这个人一路上没有摔跤，平安回到家，就要送双草鞋给狼，或者拿些盐给狼尝一尝，以报“不吃之恩”。

相传，有这么一个发生在现在的高知县的故事：一个孕妇傍晚经过山岭，突然肚子痛起来。这里一到晚上就会出现狼群，所以一位路过的信使连忙把她拖到杉树上，自己也爬了上去。

没过多久，正如所担心的那样，夜色中果然有点点凶光闪现，能听到可怕的狼嚎声。杉树被狼群团团包围了。狼跳起来想吃掉树上那两个人，但够不着。于是，狼一只踩到一只头上，就这样搭起“梯子”去袭击那两个人。危急关头，躲在树上的信使拔刀接连砍杀了几只狼。这时，有一只狼喊道：“快把佐喜浜的铁匠婆叫来！”

不久，一只头上顶着铁锅的大白狼来了。那些狼又搭起“梯子”去袭击树上的人。信使举起刀，用尽力气朝大白狼的头砍去。这下一击即中，铁锅裂了，血沫四溅，大白狼跌落树下。见状，其他狼吓得纷纷逃跑。

《月百姿·北山月·丰原统秋》
月冈芳年
日本国立国会图书馆藏
室町时代的音乐家丰原统秋，遭遇狼袭击时吹笙给它听，才得以逃脱

第二天，信使沿着血迹寻找，来到铁匠铺。一打听，铁匠说：“我家老太婆的头受伤了，正躺着休息呢。”于是，信使立刻冲进屋里，朝老太婆挥刀砍去。老太婆当即现出大白狼的原形，死掉了。

妖怪“养由”[1]

据说，在富山县也有一种类似铁匠婆的名叫“养由”的妖怪。有个修

1. 日语原文为“ヨウユウ”，此处音译为“养由”。

《绘本百物语·铁匠婆》
竹原春泉
川崎市市民美术馆藏

行僧在吴羽山遇到狼群，于是爬到树上躲避。那些狼像搭梯子似的叠在一起，然后一个老太婆爬到最上面，想把修行僧拉下来。修行僧挥刀砍断老太婆的手，狼群吓得纷纷逃窜。第二天一早，修行僧来到被叫作“养由”的家里，只见一个老太婆受伤了，正在哭泣。她一看见修行僧，就立刻逃跑了。

山姥・山爷 やまうば・やまじじ

山神沦落为妖怪，以面目狰狞的姿态袭击人

曾经是山神的山姥和山爷

住在山里的妖怪，样貌像老太婆的叫山姥，像老公公的叫山爷，像年轻姑娘的叫山女郎。另外，北海道和东京都有名称各不相同的山妖怪。在长崎县和熊本县叫作山女的妖怪，在山中遇到人时会哈哈大笑，还会吸人血。在静冈县叫作山夫的妖怪，全身覆盖着毛。还有一种叫山地乳的妖怪，平时住在山里，等人睡着时就会去吸取人的气息。

山姥面相狰狞，嘴巴咧到耳边，目光凌厉，会把入侵自己山里领地的人吃掉。从前，山里有山神，受人们崇拜。据说，山神一般是女神。后来，人们对山神的信仰渐渐淡薄，山神就沦落为妖怪。山爷是山姥的丈夫，但没有山姥那么可怕。

山姥的孩子叫金太郎，全身红通通的，穿着一件绣有“金”字的肚兜，经常和熊、野猪等玩相扑。因打败鬼（参见26页）和土蜘蛛（参见176页）而闻名的源赖光，来到足柄山（位于现在的神奈川县）时，看见小屋里住着一个老太婆和一个小伙子。老太婆就是山姥，那个小伙子则是金太郎，力气非常大，据说是赤龙和山姥所生的孩子。源赖光把他收为家臣，取名“坂田公时”。坂田公时后来成了源赖光手下的四天王之一，在铲除妖怪时大显身手。

在民间传说里，山姥有时会因为犯糊涂而受到人的惩罚；有时还会下

《和山姥跳舞的金太郎》
喜多川歌麿
神奈川县立历史博物馆藏

山，和村里人友好相处，或是为村里人做好事。

牧牛人和山姥

从前，有个人赶着一头牛走在山路上，牛背上驮着一袋盐渍青花鱼。突然，山姥出现了，让他把青花鱼给自己，然后将青花鱼全部吃掉。接着，山姥又把牛吃掉了，并对牧牛人说："现在轮到吃你啦。"牧牛人拼命逃跑，爬到池边的一棵树上躲了起来。山姥看见池塘水面上有牧牛人的倒影，以为他潜入水底了，便跳进池塘里。牧牛人趁机逃跑，躲在一间山中小屋的棚顶。

然而，这间小屋其实是山姥的家。山姥没抓到人，垂头丧气地回到家，一边用地炉烤年糕，一边打瞌睡。见状，牧羊人从茅草屋顶拔出一根茅草，刺中年糕，然后吃掉了年糕。山姥发现年糕不见了，转而加热起甜米酒，然后又打起瞌睡。这次，牧羊人用茅草当吸管，把甜米酒喝掉了。

山姥没办法，只得饿着肚子进入木箱睡觉。这时，牧牛人从棚顶跳下来，用地炉把水烧开，然后倒进木箱里把山姥烫死了。

这个故事在各地广泛流传，只是细节略有差异。

求人帮忙做年糕的山姥

从前，在高知县的某个村子，年末时节不知从哪儿来了一个穿得破破烂烂的老太婆。她手里拿着糯米，挨家挨户地请求："正月捣年糕的时候，我的这一份也请一起做了。"可是，几乎所有人都拒绝了她，只有一对贫穷却很热心的夫妇答应了她的请求，把她带来的米和自家的米掺到一起捣年糕。结果，越捣米越多，最后夫妇俩做了很多年糕。他们把多出来的年糕交给了老太婆。从那以后，夫妇俩每年都会给这个来村里的老太婆做年糕。之后，他们家米的收成逐年增长，成了村里最富裕的人。

不久，夫妇俩过世了，儿子当家做主。但是，他不再帮老太婆做年糕了。结果，自家捣的年糕越变越少，米的收成也逐年减少，最后他成了全村最穷的人。

《化物尽绘卷·山姥》
国际日本文化研究中心藏

《画图百鬼夜行·山姥》鸟山石燕

川崎市市民美术馆藏

《绘本百物语·山地乳》竹原春泉

川崎市市民美术馆藏

想吃年糕的山爷

高知县还流传着这样的故事。有个男人在山里遇见山爷，得到一些高粱种子，回去撒到田里，结果喜获丰收。年底，山爷来到这个男人家里，说想吃年糕。男人拿出年糕让他吃了个够。结果，第二年、第三年男人家的高粱都大丰收。山爷每年都来吃年糕，而且食量越来越大。

男人心想："照这样下去，我的那份都要被他吃光啦。"于是，他事先烧热河滩的石头，然后替代年糕放进山爷的嘴巴里。山爷觉得太烫了，连忙哀求："快拿些茶水给我喝！"男人拿烧热的油给山爷喝，把他烫死了。那之后不久，男人家变得一贫如洗。

山姥和山爷，会向行善之人报恩，而给作恶之人带来不幸。

不用吃饭的老婆

从前，有个男人和同伴一起去山里伐木。大家聊起想娶个什么样的老婆，这个男人说："我想娶个不用吃饭的老婆。"

几天后，有个女人找上门来，对他说：“我不用吃饭的，你娶我当老婆吧。”男人很高兴，就和她结婚了。果然，这个女人不吃饭。但奇怪的是，家里的米和味噌很快就见底了。有一天，男人假装说要进城，然后躲在角落偷看。只见女人用大锅煮饭，又用大锅煮味噌汤，然后解开扎着的头发——头顶上竟然有一张大嘴巴！大嘴巴把饭和味噌汤全都吃了个精光。这个女人其实就是山姥。

第二天一早，男人向山姥提出分手。山姥说：“那样的话，请送我个什么东西吧。”男人给了一个木桶。山姥接过木桶，随即把男人装进去，然后扛着上山了。途中，男人好不容易逃脱出来，躲进了长满艾蒿和菖蒲的草丛里。山姥很讨厌这两种草，于是自己回山里去了，男人这才得救。据说，五月端午节挂艾蒿和菖蒲叶的习俗就来源于此。

《绘本百物语·山男》
竹原春泉
川崎市市民美术馆藏

《木曾街道六十九次之内・松井田・山姥》
歌川国芳
东京都立中央图书馆特别文库室藏

山童 やまわろ

受到祭拜的山神之子会帮助人

山中貌似孩童的妖怪

山童这种妖怪，貌似孩童，只有一只眼睛，全身覆盖着长毛，吃人或野兽。还有另一种山童，住在九州的山里，长着娃娃脸，脚很长，会说人话，不会加害于人。其他地区也有山童的同类，只是名称不同。

平时受到尊敬的话，山童会在人需要的时候提供帮助。但一旦被激怒的话，山童就会搞各种恶作剧捉弄人。

据说，栖息在水里的河童（参见 106 页）一到冬天就会钻进山里，变成山童。在山口县，人们将其称为“崖童”。在山里遇到这种妖怪，人就会得病。山童与河童都厌恶铁器，如果见到人用斧头或砍刀在山里干活，就会前去捣乱。

帮忙干活的山童

据说，山童喜欢喝酒，人进山干活，如果献上美酒并请它帮忙，山童就会在人睡午觉时帮忙把活全部干完。在鹿儿岛，请山童帮忙干活，则必须约定先干完活再给饭吃。如果一开始就给饭吃，山童不干活就会溜走。

《画图百鬼夜行·山童》
鸟山石燕
川崎市市民美术馆藏

《今昔百鬼拾遗·岸涯小僧》 鸟山石燕
日本国立国会图书馆藏
岸涯小僧也许就是山口县的『崖童』

人们打猎或是在山里过夜，据说要先在所在之处立起木柴，以告知山童。捡拾树木的果实时，也不能全部捡完，要给山童留一些。另外，山脊是山童走的路，所以人们不能在那里搭建小屋。一般认为，山童是山姥或山神（参见 65 页）的孩子。

一目小僧·一本踏鞴

ひとつめこぞう・いっぽんだたら

独眼、独脚是神之尊贵的象征

曾经是神的妖怪们

一目小僧和一本踏鞴是日本各地广为人知的妖怪，但据说它们原本是独眼或独脚的神。

奈良县矶城郡的六县神社里有很多杉树。不过，据说这里原来种的是松树，神被松树刺伤了眼睛，于是人们把松树挖起来，改种杉树。

长野县则流传着这样的故事：神骑着白马来到某个村子，因马脚被葛藤缠绕住而摔下来，被芝麻的树茎刺伤了眼睛。从那以后，这个村子就不再种植葛和芝麻，也不再饲养白马了。

除此之外，其他各种各样能刺伤眼睛的植物也出现在故事里，例如栗子外壳、松叶、茶树、竹子等。然后，其中的大多数就没再种植了。

独眼的神大多只有一只脚。高知县的有些地区会祭拜独脚神，人们会向其进献一只大草鞋。另外，在岛根县石见地区，人们认为会给当年带来幸运的岁德神也是独脚。

祭拜独脚神的原因

每年秋天稻子成熟的时候，人们会在田里立稻草人以防鸟兽祸害。这

《妖怪着到牒·一目》 北尾政美
东京都立中央图书馆特别文库室藏

《百种怪谈妖物双六·一本足》 歌川芳员
东京都立中央图书馆特别文库室藏

稻草人原来就是独眼独脚。日本人自古以来就相信：每年春天，山神会下山到村子里，变成田神，守护稻子之类的农作物茁壮成长，到了秋天再返回山里去。

在长野县和新潟县，每年收割完稻子后的十月十日这天，人们会把稻草人从田间运回家中院子里进行祭拜。人们认为稻草人就是山神变成田神的化身，举行祭拜仪式欢送田神回山里，以此表示对秋收的感谢。

另外，在日本的关东地区和东北地区，人们相信名叫“御大师样”的独脚神会在冬至这天来访。这是一位女神，会带很多孩子一起来。所以，人们会做小豆粥和团子供奉。

柳田国男认为，人们祭拜这些独眼神或独脚神是源于这样的风俗习惯：人们特别选出某个人作为神的替身来接受祭拜之礼，为了与普通人区别开来，特意使其表现为独眼或独脚的形态。

《太平记英勇传·岛左近友之》
歌川芳儿
东京都立中央图书馆特别文库室藏

歌川丰国
《暂·镰仓权五郎景政》
日本国立国会图书馆藏

还有另外一种说法：神现身于人间时，为了和人清楚地区别开来，才以独眼或独脚的形象出现。

神为什么变成了妖怪呢？

从日本南方的九州南部到北方的秋田县，有很多神社供奉源义家[1]的家臣“镰仓权五郎景政”。这位武将之所以有名，是因为他在十一世纪末的“后三年之役”[2]中，被射中一只眼睛仍然奋力杀敌。

1. 源义家（1039—1106）：平安后期的武将。
2.. 后三年之役：1083—1087年间，源义家平定东北地区豪族清原氏之乱的战役。

《百怪图卷·一目坊》
佐胁嵩之
福冈市博物馆藏

据说，全国各地的神社都供奉这位权五郎，是因为“权五郎”和“御灵”的发音很相似[1]。所谓“御灵”，是指含恨而死之人的灵魂（冤魂）。古代的人认为这种冤魂会带来灾祸，要祭拜它才可以安魂消灾。所以，就把权五郎当作御灵来祭拜。而且，权五郎独眼奋战的英勇事迹也深得人们敬仰。

1. 在日语中，“权五郎”发音为“ゴンゴロウ”，“御灵”发音为“ゴリョウ”。

然而，人们认为御灵会化身为疫病神，给人间带来灾祸。于是，独眼神渐渐演变成了一目小僧之类的妖怪。

奈良县有座名叫伯母峰的山岭。从前，这附近住着一位武士，每天带着猎犬去打猎。有一天，他披荆斩棘进到伯母峰深处，猎犬突然狂吠起来。只见谷底的山白竹似乎摇晃得厉害——定睛一看，原来是一只背上长着山白竹的大野猪！武士连忙朝它开枪。野猪中弹倒下了。

几天后，伯母峰附近的“汤之峰温泉”旅馆来了一位脚受伤的武士，吩咐说：“我要一间安静的独立的房间。我休息的时候，谁都不要进来。”旅馆主人发现这个武士脚下穿的鞋跟常人的不一样，觉得很奇怪，于是半夜偷窥，只见一只背上长着山白竹的大野猪躺着，让房间变得满当当的！被旅馆主人看见真身，野猪表明身份，说自己是被猎枪打中的野猪的亡灵，之后变成独脚妖怪，袭击过路的旅客。

后来，有个法师祭拜地藏菩萨，请其制伏妖怪。从那以后，独脚妖怪就没有再出现了。不过，人们和独脚妖怪做了约定，每年十二月二十日那天它可以出来。所以，直到今天，十二月二十日仍然被叫作“最后的二十日”，被认为是伯母峰的厄日 。

在日本关东地区，人们则认为独眼妖怪会在旧历十二月八日、二月八日这两天出现。所以，这两天人们会在竹竿上挂上篮子，伸到家外面。因为篮子有很多“眼”，独眼妖怪认为自己打不过，便会逃走。

饥饿神 ひだるがみ

在山路上等候的饥饿亡魂

受饥饿之苦的亡魂

人在山路上行走，有时突然会肚子饿得走不动。据说，这是被饥饿神这种饿鬼缠上了。所谓“饿鬼”，是指生前做了坏事的人遭到报应，死后坠入地狱受饥饿之苦的亡魂。

滋贺县和三重县的边界有座御斋岭，据说这里的饥饿神早上天还没亮就出动了，指着过路旅客的肚子，问道：“你吃过饭了吗？”如果对方回答“吃了”，饥饿神就会扑上去，剖开对方的肚子，把对方胃里的饭粒吃掉。

和歌山县的熊野地区也流传着相关传说。和歌山县出生的博物学家南方熊楠（1867—1941）也说自己曾在熊野街道上遇到过。

饥饿神经常出没的地方

饥饿神经常在塞神的前面以及有人饿死的地方出现。在爱知县，有的祠堂会供奉在山岭里饿死的人，并称之为饥佛或饥神。据说，饥饿神也常常出没于此。

高知县、长崎县、鹿儿岛县等地，山岭和路边的祠堂供奉着名为“柴折样”的神。路过的人只要折树枝进献，就不会遇到饥饿神。

据说，在山里饿得寸步难行的时候，只要吃一粒饭盒里剩下的米粒就能缓过劲来。没有食物的话，在手心里写个“米”字舔一舔也有效。另外，还有这样的说法：外出旅行或去山里、野外干活时，要多带一双筷子给饥饿神，吃便当时一定要剩一点。

觉 さとり

能看透人心、形似大猴子的怪物

看透人心

在山里，尤其是北方的山里，有一种形似大猴子、全身覆盖着长毛的妖怪。无论人心里想什么，它都能一眼看穿。因为具有觉察人心的本领，所以它被称为“觉”，在富士山山麓一带则被称为“思”。

觉与樵夫

从前，有个樵夫在富士山北边的山梨县大和田山里砍柴时，突然出现了一个像猴子一样的怪物。樵夫吓了一跳，心想：“哎呀，真可怕！”那怪物哈哈大笑，说：“你现在肯定觉得很可怕吧。”樵夫心想：“不赶快逃跑的话，肯定会被它抓住吃掉吧。”那怪物又说：“你在想不赶快逃跑就会被我吃掉吧。”樵夫心想：“能跑多远就跑多远吧。”怪物再次说道：“你在想能跑多远就跑多远吧。”樵夫这下死心了，决定听天由命。这时，怪物叹道：“你总算死心了，决定听天由命了吧。”樵夫更加绝望了，于是继续砍柴。

《今昔画图续百鬼·觉》
鸟山石燕
日本东北大学附属图书馆藏

突然，樵夫的斧头砍到树上一个很大的节子，木屑飞迸出来，击中了怪物的眼睛，把它刺瞎了。樵夫和怪物都没想到会发生这种事情。“比起意料之中的事，意料之外的事更可怕呀。”怪物说完这句话就逃跑了。

鵺 ぬえ

深夜出没、难以捉摸的妖怪

鵺这种来历不明的妖怪栖息在深山里，脑袋像猿猴，身体像貉，尾巴像蛇，四肢像老虎，叫声像画眉。直到今天，日语中还用“像鵺一样”来形容那些来历不明、难以捉摸的人。

鵺在《古事记》《万叶集》里就有记载，自古以来为日本人熟知。据说，鵺的叫声可以唤回离开人体的灵魂，十分可怕。

十二世纪的“源赖政杀鵺”的故事在历史上最为有名。当时的近卫天皇每天晚上做噩梦，梦见原形不明的东西。德高望重的法师被召来念经驱魔，但毫不见效。在从东三条森林方向涌来的黑云遮蔽宫殿的深夜，天皇一定会梦魇。从前也发生过类似的事，是源义家把黑云驱赶走了。于是，天皇命令源义家的后代源赖政[1]驱赶黑云。

源赖政受命守候在宫中。深夜时，黑云又像往常一样出现了。黑云里隐约可见可疑的怪物。源赖政弯弓搭箭向黑云射去，那怪物掉了下来。上前抓住一看，原来是鵺。这个故事在《平家物语》中也有记载。

1. 源赖政（1104—1180）：平安末期的武将。

《源赖政降伏鵺之图 · 丁七唱》
歌川芳员
早稻田大学演剧博物馆藏

大百足 おおむかで

全身覆盖着铁片的巨虫

百足，是一种有很多脚、会分泌毒液的可怕的虫子。而那体形比人更大、变成妖怪的大百足，就更别提有多可怕了。

俵藤太秀乡降伏大百足的故事十分有名。这位俵藤太秀乡，其实就是在平安时代中期平定了“平将门之乱”的藤原秀乡。有一天，栖息在滋贺县琵琶湖的龙神变身为美女，前来拜访秀乡，说三上山有条大百足，大家深受其害，请秀乡帮忙降伏。

《田原藤太秀乡·大百足》
国际日本文化研究中心藏

秀乡来到三上山，向大百足放箭。但是，因为大百足全身覆盖着铁片，把箭全都反弹回来了。秀乡想了个主意，一边念着弓箭守护神“八幡大菩萨”，一边再次放箭，这下射中了大百足的脸的正中间，总算制伏了它。龙神为了表示感谢，邀请秀乡到龙宫，还送了他很多礼物。其中有个米俵[1]，里面的米是取之不尽的。从那以后，人们就叫他“俵藤太秀乡”了。

至于为什么大百足全身覆盖着铁片，有这么一说。当地的山民自古以来就挖掘铁矿石，而大百足是他们信仰的山神变成的妖怪，身上覆盖着铁片也就不难理解了。

1. 在日语中，“米俵”意为装米的草袋。

狒狒 ひひ

形似猴子，经常抓动物吃

狒狒这种动物，属于大型猿类，主要生活在非洲。而日本的“狒狒”是一种住在山里的妖怪，长得像大猴子，经常抓动物吃。据说，猴子活到一千岁就会变成狒狒。

狒狒平时住在山里，偶尔会跑到村子里骗人。虽然看上去块头很大，但十分轻盈，轻而易举就能抓住野猪或狼来吃。狒狒的上嘴唇很厚，一笑起来，把眼睛都遮挡住了。所以，据说想要抓住狒狒的话，先让它笑，然后用锥子从它的嘴唇刺进额头就行。

狒狒一直被认为是野兽，但也有另一种说法：它其实是住在山里化身成人的模样的妖怪，也就是说，类似于山姥、山爷、山童。

相传，活跃在安土桃山时代的武者岩见重太郎，就因为制伏狒狒而闻名。

《岩见重太郎降伏狒狒之图》
歌川丰国
舞鹤市丝井文库藏

《岩见重太郎降伏狒狒之图》
歌川丰国
舞鹤市丝井文库藏

岩見重太郎兼亮

貉 むじな

形似狸，两只勾结起来变形作怪

“貉”又写成“狢”，也有人认为它与狸、貛、鼬、貂是同一类动物。

新潟县的佐渡岛有个貉头头，名叫二岩团三郎，经常拐走人或偷东西，作恶多端。它在佐渡发现了金山，挖掘金子囤积起来，然后向人放高利贷，由此变成了大富翁。在一些传说里，这个故事的主角不是貉而是狸。据说，在群马县和埼玉县的山里还有所谓“貉的宫殿”的大房子。

茨城县流传着这样的传说：有一个烧炭小屋，每晚都有一个怪女人出来捣乱。大家不胜其烦，将其制伏。那女人死了，现出原形——两只貉。人们常说，两只貉在一起就能变形作怪。“一丘之貉”这个成语，表示互相勾结做坏事的同伙，就来源于此。

长野县有户人家的仓房旁边围着一道长长的树篱。每天傍晚经过这里，就会看见大入道[1]可怕的脑袋悬挂在上面。可是第二天早上，脑袋又不见踪影。这样的事情发生过很多次之后，大家就不敢再靠近这个仓房了。后来，有个人鼓起勇气走近去看，那秃脑袋越变越大，甚至遮住了整片天空，然后又很快消失不见。据说，这也是貉变成的。

1. 日本体形很大的妖怪，模样像男人。

《今昔画图续百鬼·貉》
鸟山石燕
日本东北大学附属图书馆藏

飞鼠·百百爷

ももんが・ももんじい

浑身毛茸茸，能在树木之间飞来飞去

飞鼠是松鼠科的哺乳动物，住在森林里，夜间活动，能在树木之间滑翔。名叫“飞鼠”的妖怪，浑身毛茸茸的，据说和鼯鼠一样，都是飞鼠这种动物变成的。

据说，百百爷，是飞鼠和元兴寺（参见 267 页）这种妖怪的结合体。[1]刮大风的夜晚，行人断绝时，百百爷就会以老人的姿态出现。过路的旅客遇见它，一定会生病。

飞鼠在日本还有很多种叫法。据柳田国男说，“飞鼠”本来是幼儿语（幼小的孩子使用的语言），用来表示那些会袭击人的不明妖怪。

《今昔画图续百鬼·百百爷》
鸟山石燕
日本东北大学附属图书馆藏

1. 在日语中，飞鼠（モモンガ）和百百爷（モモンジイ）发音相近。

鼬 いたち

往眉毛上涂抹唾液，就不会被骗

鼬这种妖怪也经常出现。据说，在神奈川，鼬能用后脚站立，然后目不转睛地盯着人脸。被鼬这么盯着的话，自己的心事难免会被看穿[1]，所以必须立刻往自己的眉毛上涂抹唾液才能化解。日语中，用来表示可疑之物的词语“眉唾物”，便来源于此。

在群马县，鼬变成的怪物有时会缠绕在人的脚上，让人无法迈步行走。这种时候，只要割掉裤腿或衣服下摆，就能甩掉它们。另外，还有一种妖怪——在山路上行走的人听到周围传来婴儿哭声时，吓得赶紧逃跑，不料那哭声越来越响了。

《画图百鬼夜行·鼬》
鸟山石燕
川崎市市民美术馆藏

1. 在日语中，惯用语“眉毛被看透”（眉を読まれる）表示心事被看透。

猩猩 しょうじょう

从海里现身、喜欢喝酒的妖怪

据说，猩猩是一种人脸兽身的妖怪，非常喜欢喝酒。

山梨县流传着这样一个传说。有个猎人发现山谷对面的山腰坐着一头野兽，它身长两米，赤身露体，头发是红色的。猎人上了子弹，举枪发射。那头野兽被打中了，但似乎不怕疼，只是随便拔下周围的草塞住伤口，然后爬上山去了。

岩手县则流传着猩猩从海里出现的传说。有个人想看看猩猩长什么样，就把酒装进桶里，埋在海边的沙子里。刚埋完，猩猩就从海里出来，开始喝那酒。它喝得醉醺醺的，掉进酒桶里。那人想看看猩猩长什么样，就移开桶盖。这时，猩猩突然从桶里跳出来，逃往海里去了。

爱知县南部的秋季祭祀活动中，由人装扮成的猩猩会加入游行队伍，用手拍打孩子们。据说，这样能起到消灾驱邪的作用。

纸面具（猩猩）
日本国立民族学博物馆藏

子泣爷·粉挽爷

こなきじじい・こひきじじい

因为哭，一被抱起来就甩不掉

子泣爷是德岛县山里的妖怪，像老人的样子，却发出婴儿的啼哭声。也经常有人说，看见子泣爷变成婴儿在山里哭泣。路人见到，觉得很可怜，将它抱起来，它就会突然变重，想甩掉却怎么也甩不掉，最后连自己的性命也被夺去。真是十分可怕的妖怪啊！

在别的村子，有一种叫呱呱啼的独脚妖怪，经常呱呱啼哭着在山里游荡。据说，它一哭就会发生地震。大人经常吓唬小孩："你这样哭个不停的话，呱呱啼就会来哦。"呱呱啼会抓住行人的脚不放。这种时候，应该脱下草鞋扔掉，然后扬长而去。

另外，在四国地区有一种妖怪叫粉挽爷[1]，经常发出在山中磨粉的声音。

在别的村子，还有一种叫哇哇啼的妖怪，不见身影，却在半夜发出婴儿啼哭的声音。它有时还会缠着让人背，据说，遇到这种情况借口说"背带太短了"就可以拒绝掉。所以，平时要把婴儿背带的一端弄短些。

1. 在日语中，"粉挽"表示磨粉的意思。

山彦 やまびこ

听到呼叫的话，会给予回应的山中妖怪

隔着山谷，从山上向对面的山呼叫时返回的声音，叫“山彦”或“木灵”（参见52页）。静冈县的人把这叫作“山小僧”“山婆”“山婆婆”。“山彦”原有“山之男神”之意，所以被认为是住在山上的山姥、山男、天狗、天邪鬼等妖怪发出的回应声。在鸟取县，人们把这叫作“呼子”“呼子鸟”。另外，还有晦涩的汉字表示，写作“谺”“空谷响”“幽谷响”。

《百鬼夜行·幽谷响》
鸟山石燕
早稻田大学图书馆藏

手长足长 てながあしなが

从山上伸出长手长脚做坏事

手长足长是一种手脚很长的妖怪，栖息在秋田县和山形县交界处的鸟海山，经常从山上伸出长手长脚，袭击经过日本海的船只和山脚下的村子。据说，它后来被鸟海山之神“大物忌神”制伏。

另外，还流传着栖息在福岛县磐梯山的手长足长被制伏的故事。这个手长足长也会伸出长手长脚，把猪苗代湖的水泼洒到会津地区的村子里，引发洪灾，或是抢夺村民种植的农作物，尽做坏事。手长足长吼叫时仿佛雷声轰鸣，瞪眼则犹如电光闪闪，给村民们带来了很大的困扰。

有一天，村里来了一个衣衫褴褛的和尚，听说此事后，说：“我来制伏这个妖怪吧。”他爬到磐梯山的山顶，大声喊道：“喂，手长足长，别看你这么嚣张，其实也有做不到的事情吧！”那妖怪听了，用震耳欲聋的声音嚷道：“你这可恶的叫花子和尚，说什么呢？天下就没有我做不到的事！”和尚说：“你块头这么大，肯定没法变小吧？”话音刚落，那妖怪就渐渐变小了。和尚诵念着“变成芝麻！”，用法力把它变成了一粒芝麻那么小，随即收入盒子里。从此以后，手长足长就被关在里面，再也没有出来祸害村民。

《手长足长偶人・浅草深山》
歌川国芳
福冈市博物馆藏

二 水里的妖怪

人能在河里或海里游泳，能乘坐船只，但不能住在水里。水里是怎样的世界，人们无从知晓，便想象那里有很多不可思议的、可怕的妖怪。河里有“河童”，经常给人捣乱；海里有“海坊主”和“舟幽灵”，会使人们乘坐的船只遭遇海难。但只要人们友善相待，这些妖怪也会和人一起玩，或给人帮忙。

妖怪和幽灵有什么不同？

岩井宏实

妖怪和幽灵，这两者都会让我们感到害怕，所以经常被认为是一样的东西。但它们其实完全不同。

幽灵是人死后的灵魂。死后无人祭奠而孤苦悲戚的灵魂，或是对人世间抱有遗恨的灵魂，会变成幽灵来到人世间。所以，幽灵经常出现在与其有关的地方，或是其怨恨之人所在的地方——即使这个地方与其相距很远。

幽灵的形象经常出现在《源氏物语》《今昔物语》《日本灵异记》等书中，以及江户时代以来的歌舞伎和怪谈里，例如《东海道四谷怪谈》《怪谈牡丹灯笼》等。这些作品中描写的幽灵，大多是对怨恨之人进行报复或作祟。但除此之外，也有比较友善的幽灵——人死之后的灵魂经常出现在亲人好友面前，以求被人们惦记着，不被遗忘。

幽灵是鬼魂，而妖怪原本是神，而且大多是无人祭拜的没落的神。

妖怪出没的地方比较固定，大多是在山、村、海、河。日本人自古以来就相信：有一个自己居住的世界，还有一个神和妖怪居住的世界（日语写作“他界”）。妖怪会出现在人与他界接触的地方。

幽灵会以特定的人为目标出现，妖怪则是在自己的领地被侵犯时或被激怒时才会出现。

幽灵大多以人的形象出现，而妖怪大多表现为鬼、天狗、山姥等面目狰狞的形象，或是独眼、独脚等异于常人的形象。据说，这是因为神来到人世间时，要和人区别开来。此外，妖怪还可以以器物、动物、

《浅仓当吾亡灵之图》
歌川国芳
日本国立国会图书馆藏

树木等各种各样的形象出现。

幽灵大多出现在夏天的半夜里，比如说“暖风吹拂、草木俱寂的丑时三刻”；不知为何，妖怪则大多出现于寂寥的秋冬之季的黄昏或拂晓。

河童 かっぱ

出现于河川或沼泽、大家非常熟悉的妖怪

妖怪中的大明星

河童是最有人气的妖怪，经常出现在插图里，或是被做成装饰品、吉祥物。日本各地对河童有各种各样的叫法。

至于河童的形象，也是五花八门。大多样子如孩童，娃娃头发型，头顶上的碟子里装着水。有的背部有甲壳，手指间、脚趾间有蹼。有的地方的河童则像乌龟、甲鱼、水獭之类的动物。

河童擅长游泳，所以人们也把擅长游泳的人叫作“河童”。因为没有必要教河童游泳，所以教比自己博学的人的行为被称为“教河童游泳”。还有，河童再怎么擅长游泳，也有可能被水冲走，所以达人也会失败这类事，叫作“河童溺水”。

很多人都说亲眼见过河童。从江户时代开始就有很多描绘河童的画。

河童也屡次出现在书里。柳田国男（参见 42 页）根据岩手县远野市的民间传说写成的《远野物语》里，就有河童出场：树木间隐约可见的红脸男童，在河边沙滩上发现的河童脚印。

河童像。高70厘米
（根据下一页的《水虎之图》复原制作）
川崎市市民美术馆藏

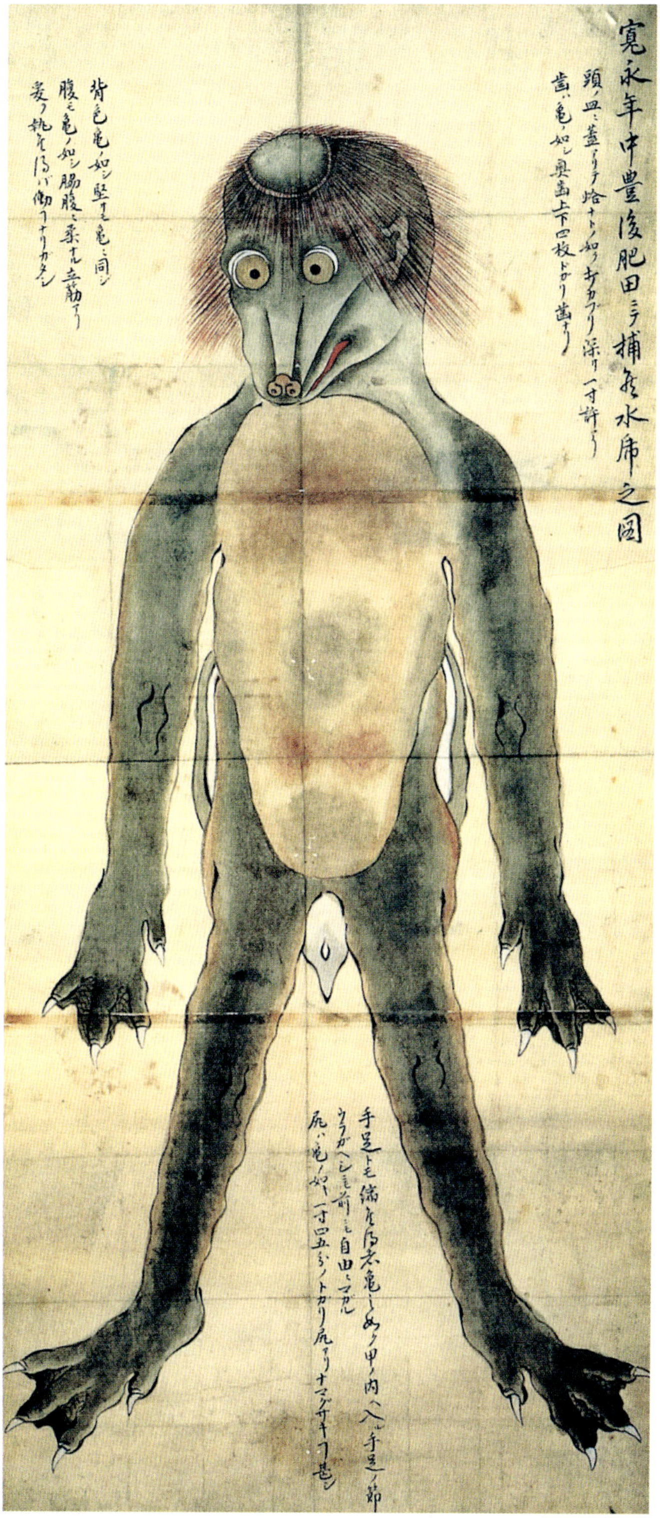

《水虎之图》

江户时代初期，在现在的大分县捕获的河童的图。河童头上的碟子有盖，深3厘米；后背和腹部与龟类相似，手脚可缩进甲壳里。

川崎市市民美术馆藏

大正时代的著名小说家芥川龙之介（1892—1927）也写过一篇名为《河童》的杰作，讲述一个青年来到“河童国”的经历。

把马拖进水里的河童

据说，河童很喜欢马。从前，岩手县远野地区姥子渊旁边住着一户叫新屋的人家。有一天，那家的孩子把马牵到水潭边纳凉，自己跑去玩了。这时，河童跑出来想把马拖进水里。但马的力气很大，反而把河童拖到了马厩里。

河童躲在草料桶下面。家里的人发现桶倒扣着，觉得很奇怪，稍微掀开就看见了它的手。就这样，河童反而被抓住了。它保证决不再犯，才被放走。

《百鬼夜行·河童》
鸟山石燕
早稻田大学图书馆藏

河童的保证书

河童不仅会口头道歉，还会留下白纸黑字的保证书。在福井县就流传着这样的故事。

傍晚，有个村民把牛牵到海边，想给它冲澡。但不知怎么回事，牛不肯下水。仔细看，发现有个五六岁的小孩正抓着牛脚往水里拖。村民把小孩抓住并绑了起来。那小孩其实就是河童。河童招供说：“祇园祭的时候，我要向神供奉人或家畜的‘尻子玉’。现在还差一颗，迫不得已，我想取这头牛的。”

村民本来想杀死河童，但它拼命求饶，就让它送一份保证以后不再干坏事的证书（“河童的保证书”），才放它走。第二天一早，河童送来保证书，文字能映在水面上。

日本全国各地都流传着这样的故事，甚至还有人说家里至今还保留着这样的“保证书”。

所谓“尻子玉”，一般认为长在肛门部位，在水里被拔走的话，人或动物就会淹死。所以，有这样的传说：在祇园祭前，不能到河里游泳或玩水。

《妖怪着到牒·想要抠走尻子玉的河童》
北尾政美
东京都立中央图书馆藏

《和汉百物语·白藤源太》
月冈芳年
日本国立国会图书馆藏

喜欢玩相扑的河童

河童很喜欢玩相扑。在福冈县流传着这样的故事：从前，有个小伙子经过河堤时，被河童拦住去路。河童说："我们来玩相扑吧。你如果输了，就不能通过这里。"这小伙子是村里玩相扑最厉害的，"嗨哟"一下就把河童摔了出去。但是，马上又跳出来一只河童。小伙子就这么接二连三地跟河童相扑，渐渐觉得有些累了。这时，他想起了击退河童的法术，便往自己手上涂了些唾沫，然后向河童扑去。那些河童顿时被吓得四下逃散。据说，河童很讨厌人的唾沫。

《江户名所道戏尽之二·两国骤雨》 歌川广景
东京都立中央图书馆特别文库室藏

《毛谷村六助》
歌川国芳
国际日本文化研究中心藏

想要在相扑中打败河童，还可以用别的方法：河童前来挑战的时候，对它做鞠躬、倒立等动作。这是因为，头顶上的碟子里有水时，河童才能发挥力气。它模仿人鞠躬或倒立时，碟子里的水就会洒出来，从而使它变得浑身乏力。

河童的秘方药非常好用

茨城县流传着这样的故事：从前，有个村民在牛久沼岸边散步，看见河童掉落在地上的手指，就捡起来带回了家。当晚，他梦见了那个掉手指的河童，它央求道：“请把手指还给我吧。”他充耳不闻。河童又说：“你把手指还给我吧，作为报答，我把非常好用的秘方药的配制方法告诉你。”于是，村民把手指还给河童，河童则把很灵验的创伤药的配制方法传授给他。这种药叫作“岩濑万应膏”，在民间被长期使用。

另外，据说河童还喜欢摸女人的屁股。在福冈县的博多地区，有个人

《今昔画图续百鬼·水虎》
鸟山石燕
日本东北大学附属图书馆藏

名叫鹰取运松庵，他的妻子长得非常漂亮。有一天，妻子去上厕所，感觉有一只手从下面伸出来摸她的屁股。第二天也是如此。于是，她用短刀砍断了那只手臂。仔细看，那手指间长着蹼，原来是河童的手臂。从那以后，河童每天晚上都上门恳求还手臂。最后，夫妻俩把手臂还给了河童，而河童则传授其接骨之法作为报答。后来，运松庵开了一家正骨医院，成了出色的名医，生意非常红火。

河童原本是水神

大家都知道，河童是一种会把人和动物拖入水中的妖怪。但其实，河童原本是水神。

在富山县、青森县、岩手县、新潟县、鹿儿岛县等地，人们还把河童叫作“水灵”或“水神”。由此可见，人们原本是把河童视为水神的。

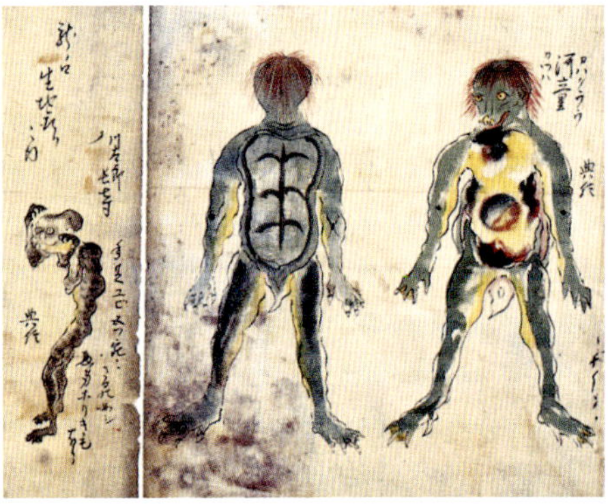

《河童图》
川崎市市民美术馆藏

河童以人的形象出现时，会化身为头上顶着碟子的孩童；以动物的形象出现时，后背则有甲壳。前者的话，共同点是以孩童形象出现。在日本，人们自古以来认为，神来到人世间是以孩童的形象现身的。因此，水神表现为孩童模样的河童，是合乎情理的。

另外，日本人认为，每到春天，山神就会下山到村子里来，变成田神或水神。在九州的山区，还流传着这样的说法：河童每年春天和秋天会往返于山间与河川，“河里住千年，山中住千年”。栖息于山里时，河童被冠以“山童”等称谓（参见72页）。

到了夏天，人们会举行河童祭：把水神河童最喜爱吃的黄瓜投入河里，祈祷不要发生溺水事故。

河童原本是水神，后来为什么变成了妖怪呢？古时候，人们认为洪水、干旱等自然灾害都是因为触怒了水神而引起的，所以对水神非常崇敬，举行各种各样的祭拜活动。但随着人们逐渐掌握修建堤防、引水灌溉的技术，学会了如何支配自然，对水神的感谢和敬畏之情逐渐淡薄，原本是水神的河童也就被视为妖怪了。

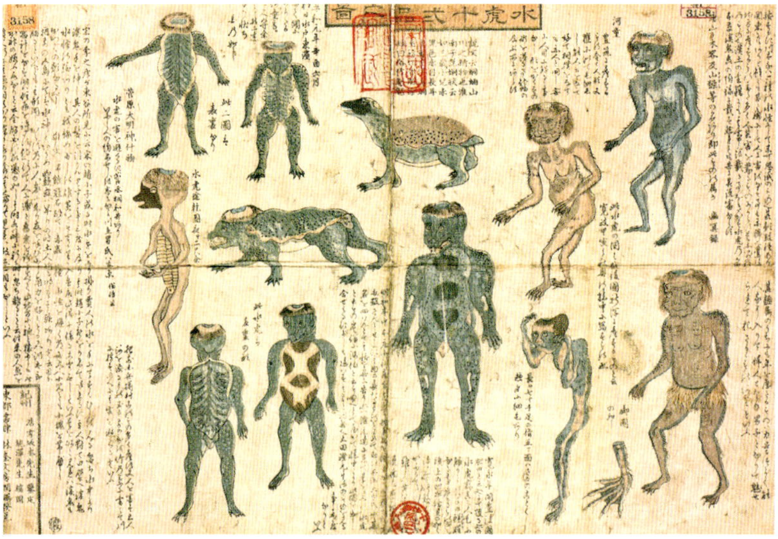

《水虎十二品之图》
日本国立国会图书馆藏

水虎神

日本国立民族学博物馆藏

在青森县，水虎被认为是镇压河童的水神

蟾蜍 がま

被误认为是岩石的大蟾蜍妖怪

假扮成法师的蟾蜍

江户时代的物语集《狗张子》里记载了这么一个故事。从前，京都农村有个农夫，有一天他被两个三米高的法师抓住并关进洞窟里。农夫趁两人睡觉，用锄头把他们打倒，然后逃回了家。第二天，他发现洞窟入口有两具尸体，是一只乌龟和一只三十厘米长的蟾蜍。

比睿山的大蟾蜍

相传，滋贺县比睿山的山主人是一只蟾蜍。有一天，有个男人爬上比睿山，躺在岩石上抽烟。这时，突然发生了大地震。他被吓得跳起来一看，才发现自己脚下的这块岩石原来是一只大蟾蜍，蟾蜍被掉落下来的烟灰烫到才抖动起来。后来，这个男人因大蟾蜍作祟，患热病死掉了。

《百鬼夜行·相马内里》　歌川芳儿

大阪城天守阁藏

泷夜叉姬以相马内里遗址为据点，继承平将门的遗志，变成复仇之鬼，召集妖怪

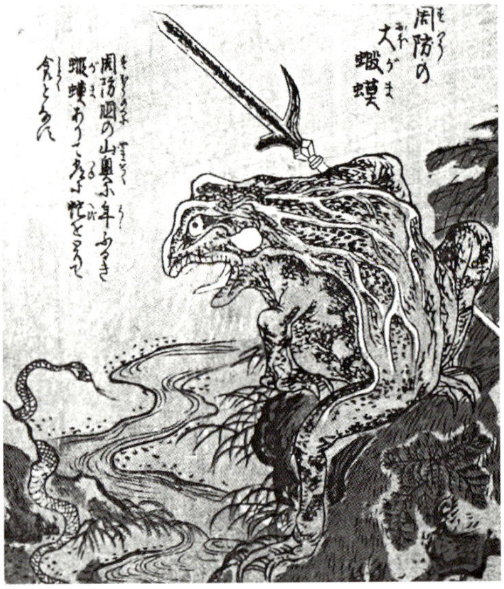

《绘本百物语 · 大蟾蜍》

竹原春泉

川崎市市民美术馆藏

《北越奇谈 · 大蟾蜍》

葛饰北斋

早稻田大学图书馆藏

甲鱼 すっぽん

食用龟因执念太深也成了妖怪

甲鱼妖怪

甲鱼是龟类的一种，性格固执，一旦咬住东西就不松口。

据说，甲鱼的肉具有滋养功效和药用价值，所以现在也有餐馆用甲鱼做菜肴。

江户时代，名古屋有个男人很喜欢吃甲鱼肉，几乎每天都和朋友一起吃。有一天，他来到店里，发现店主人的嘴突出来了，像甲鱼似的；脚也长长的，仿佛变成了幽灵。他被吓得赶紧逃回了家，但还是不停地打战。即使躲进被炉里取暖，也浑身直哆嗦，这个状态持续了两三天。

甲鱼原来是池塘之主

还有这样一个故事：在岐阜县大垣市附近的村子里，有个村民抓住一只大甲鱼，打算拿到街上去卖。半路经过一个池塘，听到里面有个声音问："去哪里？"紧接着，背后篓子里传来回答："今天去大垣市。"又问："什么时候回来呢？""明天回来。"听到这话，男人才知道这甲鱼原来是池塘之主，不由得大吃一惊。但他什么也没有说，把甲鱼卖给了鱼店。几天后，他再次来到鱼店，店老板告诉他："那只甲鱼真可怕。我把它装进一个非常结实的、肯定不会被咬破的网兜里，但第二天一早发现它逃跑了。"

牛鬼·濡女

うしおに・ぬれおんな

栖息在山涧水潭或海边，经常袭击人

鬼脸牛身的形象

牛鬼是一种鬼脸牛身的可怕妖怪，经常抓人或家畜吃。

在和歌山县，有个名为牛鬼渊的水潭，是山涧水淤积之处。周围耸立着高高的岩石，水潭底下有个洞穴直通大海。据说，每当潭水混浊之时，牛鬼就会出来。

《画图百鬼夜行·牛鬼》
鸟山石燕
川崎市市民美术博物馆藏

牛鬼还吃人的影子。人一旦被吃掉影子就会死。另外，牛鬼遇到人时，会目不转睛地盯着对方看，最后再将人杀死。在这种时候，只要念一句“石头流动，树叶下沉”这样意思颠倒的咒语，就会得救。

栖息在德岛县白木山的牛鬼，经常来村里抓人或家畜吃，村民们都很害怕。后来，有个名叫平四郎的神枪手终于把牛鬼打死了。牛鬼的血顺河流而下，一直流到下游几千米外的平四郎家门口。但被平四郎的威武之气震慑，结果又沿着河水逆流回去了。

高知县的牛鬼渊，自古就有很多鱼。但牛鬼渊的主人是牛鬼，大家都很害怕，所以没人敢去那里捕鱼。但有个村民想出一个投毒捕鱼的主意。他睡着后，梦见一个美女对他说：“不要做那种事。”醒来后，他不以为然，还是投毒捕鱼，并做成佳肴，摆酒设宴。这时，外面突然雷声大作，山体坍塌，把他家埋了。

牛鬼和濡女

牛鬼栖息在山涧上游的水潭里，而水潭被认为能通往大海，所以牛鬼也经常出现在海边。出现在海边、海滨时，它会变成女人头蛇身的形象，所以被认为是与濡女、矶女[1]同类的妖怪。

从前，岛根县有个名叫染五郎的印染工匠，晚上去海边钓鱼。他钓了很多，正准备回家，忽然有个怀抱婴儿的女人从海里走出来，请求他：“请帮我抱一下这个小孩。”染五郎不假思索地把婴儿抱过来，女人随即消失在海里。这个女人其实就是濡女。染五郎明白过来，想放下婴儿赶紧逃跑。这时，牛鬼从海里出现，在后面追赶他。染五郎躲进附近的小屋里。牛鬼在小屋外转了几圈，并且叫嚷着“可惜，可惜”，然后便离开了。这叫声竟然是女人的声音。

在北九州的沿海地区，也流传着许多类似的故事。濡女把婴儿交给经过海边的人，消失不见，然后牛鬼跳出来袭击人。那人想放下婴儿逃跑，但婴儿变成沉甸甸的石头，紧紧地粘在手上，怎么也甩不掉。牛鬼趁机抓住并刺死他。

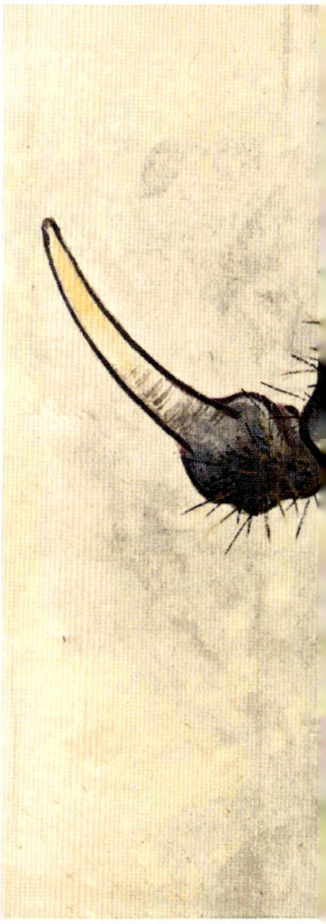

1.矶女是一种生活在海边礁石堆里的女妖怪。日本的沿海地区都曾出现过这类妖怪，但将其叫作“矶女”的仅限九州地区。

《百怪图卷·濡女》
佐胁嵩之
福冈市博物馆藏

《百怪图卷·牛鬼》
佐胁嵩之
福冈市博物馆藏

驱邪的牛鬼

有一种观点认为，牛鬼的真身是山茶树的老树根。在日本，人们认为山茶树上寄居着神灵，是一种神圣的树。也就是说，牛鬼原本是神的化身。实际上，牛鬼能加害于人，但也能为人驱邪，所以各地有祭拜牛鬼的风俗。

爱媛县御庄町每年十一月三日举行的御庄祭就是一例。人们牵着牛鬼像走在神轿前面，到各家各户把牛鬼像的头伸进屋里，这样就能起到驱邪的作用。除此之外，爱媛县的很多祭祀活动都有牛鬼像出场。

《画图百鬼夜行·濡女》
鸟山石燕
川崎市市民美术馆藏

人鱼 にんぎょ

人面鱼身的女妖怪

世界各地的人鱼传说

人面鱼身形象的人鱼传说，在世界各地都流传着。中国和日本关于人鱼现身的记载，很早以前就有了，但东方和西方描绘的人鱼形象略有差异。有很多人说，见过人鱼在海岸边给婴儿哺乳，并认为那就是儒艮之类的海中怪兽。

据说，过去在福井县出现的人鱼，是御浅岳的“御浅明神”的使者。它脖子以上是人脸，脖子上垂着形似鸡冠的东西，脖子以下则是鱼身。有一次，人鱼被海浪冲到沙滩上，村里的渔夫用船桨将它打死并扔进海里。之后一连几天，狂风大作，海水轰鸣。然后，大地震爆发，地面裂开，把整个村子都吞没了。

还有关于人鱼漂流到青森县的记载：“人鱼长着红色冠状物，脸似美女，鳞片金光闪闪。它的叫声像云雀一样清脆悦耳。”

南海的人鱼

冲绳县流传着这样的传说：一天夜里，从海上传来女人悦耳的声音。第二天，村里的三个小伙子划船出海，用渔网抓住了声音的发出者——一

个半人半鱼的生物。它哭着哀求道：“我离开水就会死。”于是，小伙子们放它回到海里。后来，人鱼前来报恩，告诉他们即将发生大海啸，这让村民们得以提前撤离。

鹿儿岛县的奄美大岛有一种人面鱼，会从深海底浮到水面上，但一看见人就立刻沉入海里。这种人面鱼出现时，海上就会掀起大风浪，十分可怕。

《今昔百鬼拾遗·人鱼》
鸟山石燕
川崎市市民美术馆藏

《观音灵验记·西国巡礼三十二番·近江观音寺·人鱼》 歌川广重、歌川丰国
日本国立国会图书馆藏

《箱入娘面屋人鱼》

山东京传著　北尾重政绘

（『箱入娘』在日语中表示『千金小姐』之意）

东京都立中央图书馆特别文库室藏

从江户时代中期，日本开始流行带有插画的娱乐小说、黄表纸（江户时期成人读物），其中很多作品都有妖怪出场。《箱入娘面屋人鱼》的主人公“人鱼”是浦岛太郎的女儿，她在海里被一个渔夫钓上来之后就与他结成夫妇，但日子过得很清贫。当时传说“舔过人鱼者能延寿千岁”，于是人鱼就开始做“舔人鱼”的生意——让人舔然后赚取钱财。人们都争先恐后地前来光顾，丈夫也每日舔尝，结果越来越年轻，最后变成了小孩子。这时，人鱼的父亲浦岛太郎拿着玉手箱出场了……

小豆洗·小豆淘·小豆量

あずきあらい·あずきとぎ·あずきはかり

只发出淘洗小豆的声音，却不见身影

淘洗豆子的妖怪

小豆洗这种妖怪，大多数时候是在河边发出洗豆子的声音，却不见身影。日本各地都有这种妖怪，只是称谓各不相同：在广岛县等地区被叫作“小豆淘”，在鸟取县被叫作“小豆漉”，在冈山县被叫作“小豆野郎”……因为不见身影，如果有人觉得奇怪，循声走近，就会掉进河里或水沟里，或是上当受骗。

另外，有些地区认为小豆洗是老太婆，广为流传的有岩手县的“小豆洗婆婆”、神奈川县的“小豆淘婆婆”。

山梨县西北部的长坂町，有一座諏访神社，其附近有棵大树，树上栖息着小豆淘婆婆。它每天晚上发出“唰啦唰啦”洗豆子的声音，还叫住树下的过路人：“请您吃豆子。”趁过路人惊慌失措，它用一个大笊篱把人捞到树上去。

据说，长野县的小豆淘还会唱歌谣：“洗豆子啦，抓人吃啦，唰啦唰啦……”

新潟县的一个村长家里，有一棵树龄好几百年的大枫树，树洞里栖息着一只小豆淘。每到雨天，它就会哼唱着“洗豆子啦，抓人吃啦”，十分吓人。

那么，我们来想一想，为什么人们认为这种声音是淘洗小豆的声音呢？小豆是红色的，很漂亮，所以自古以来就被当成只在祭神之日才吃的特别

《绘本百物语·小豆洗》
竹原春泉
川崎市市民美术馆藏

之物。直到今天，日本还保留着在喜庆日子吃红豆糯米饭的习俗。也就是说，小豆被认为是神圣之物。因此，起初人们认为淘洗小豆的人是神的侍奉者。但后来随着人们对神的信仰渐渐淡薄，淘洗小豆的妖怪形象也就出现了。

除了淘洗小豆的妖怪，还有淘洗米的妖怪，例如栃木县的“米淘婆”、爱知县的“米淅”等等。另外，有的地区认为是狐狸在洗小豆，例如冈山县的“小豆洗狐”、静冈县的“洗濯狐”。

在府宅里的小豆量

另外，在东京被称为“江户”[1]的时候，有一种名为小豆量的妖怪，它并非栖息在河里，而是在某个武士的府宅里。一天晚上，武士的友人说想看个究竟，就留宿在府宅中。他竖起耳朵安静地听，半夜时分，阁楼上传来“咚咚咚”的脚步声，接着又听到撒小豆的声音。声音越来越大，然后庭院传来木屐在踏脚石上行走以及洒水的声音。他刷地拉开门，外面却空无一物。

1.“江户”是东京部分城区的旧称。1868 年明治维新时，“江户”改称为“东京”。

芝天狗・水蝹

しばてん・けんもん

类似于河童，很喜欢相扑

出现在村里的芝天狗

芝天狗又被称为“猿猴”，在高知县广为流传。一般来说，出现在村里的叫芝天狗，出现在河流上游的叫猿猴，但区分并不是很明确。

傍晚到夜晚的这段时间，芝天狗会出现在水边，一见到有喝得半醉的人路过，就上前拉他玩相扑。过路人一旦答应，就会整晚都被缠住，没完没了地陪芝天狗玩相扑，直至筋疲力尽。拂晓时分，路上没有行人了，芝天狗还会自己在那儿玩相扑。

从前，有个老太婆在田里种了黄瓜，可是黄瓜稍微长大就会被偷摘走。有一天，老太婆去田里摘黄瓜，看见有个形似孩童的活物翻倒在地上，手脚乱蹬。老太婆觉得那活物很可怜，就把它扶起来。那活物头顶上的碟子没水了，浑身乏力。但是，老太婆去河边舀水倒在那碟子里，活物立刻变得精神抖擞，道谢之后跳进河里游走了。

第二天一早，老太婆打开门准备去田里，发现门板木钉上竟然挂着四五条大香鱼。从那之后，每天门上都会挂几条香鱼。有一天，木钉被折断了，老太婆就把鹿角钉在门上代替木钉。可是，从这天起，门上就再也没有香鱼了，因为芝天狗很讨厌鹿。

芝天狗喜欢玩相扑和吃黄瓜，这方面与河童相似。在高知县南国市，有的地方孩子们会举行猿猴祭。另外，在河伯神社至今还会举行河童祭。

栖息在榕树上的水蝹

在鹿儿岛县奄美大岛，有一种叫作水蝹的妖怪。在日语中，水蝹的发音是“ケンモン”，原本指妖怪或可疑之物[1]。每当山雨欲来的昏暗夜晚，山那边就会飘来青白色的火光。这火是水蝹发出来的——有人认为是水蝹的爪子或头顶上的碟子点亮的火，有人认为是水蝹的唾液在发光。水蝹样子如七八岁孩童，据说脚很长。另外，水蝹很擅长捕鱼，有时还会和渔民一起捕鱼；它似乎唯独不喜欢吃章鱼。

水蝹栖息在榕树上，经常唱摇篮曲。据说，现在人们经过榕树下时，还能听到水蝹唱摇篮曲。水蝹还经常吃蜗牛。据说，从前有个小孩被水蝹抓走，第二天被找到后，他告诉大家：“我被拉着在山里转来转去，还被迫吃蜗牛。”

从前，有个渔夫从宫崎县来到奄美大岛定居。有一天，他想搭建个鸡棚，就砍掉了占地的榕树。当地人是从来不砍榕树的。几天后，渔夫晚上回家，半路跳出一个小孩叫住他：“叔叔，我们来玩相扑吧。”一开始只有这个小孩，渐渐地人越来越多，几十个轮番扑上来。渔夫一个接一个地把它们摔出去。因为对方人数众多，一整晚下来，渔夫累得筋疲力尽，天快亮时才回到家。回到家后，他一直发高烧，奄奄一息的，在床上躺了四十天。据说，是因为他砍掉了榕树，原本栖息在榕树上的水蝹才来报复他。

《南岛杂话·水蝹》
名越左源太
平凡社东洋文库出版

1. 日语写成“化の物”或“怪の物”，读成“ケノモノ”，与水蝹的发音相近。

亡者舟·海难法师

もうじゃぶね・かいなんほうし

出现在海上的溺死者亡灵

海上遇难者的亡灵之船

据说，在青森县，渔船出海遇难，就会出现亡者舟。渔船经过无人岛，发现有很多奇怪的火焰，看不见船只，却能听到有人在船上忙忙碌碌干活的动静。渔船驶近，火焰却忽然消失，刚才的声音也听不见了。

在别的地方，则流传着这样的说法：有一年，盂兰盆节的月夜，村民们经过海边，听到海面传来划桨声以及船只向岸边驶来的声音。于是，全村人都聚集在那儿等待船只靠岸。然而，那船只是在海面上拉起风帆，并没有向岸边靠近。据说，这就是亡者舟，有时会出现在海面上。

还有一个传说：某年盂兰盆节的傍晚，海面上有一艘船向岸边驶来。岸边的村民“喂——”地向船只打招呼，并听到来自船上的回应。看见船只入港并收起风帆，村民们叫道：“把纤绳扔过来！”就在这时，那艘船消失得无影无踪。

岛上年轻人的亡灵

据说，在东京的伊豆七岛，每年一月二十四日夜晚，海难法师就会现身。从前，大岛上的二十五个年轻人杀死了欺压岛民的官吏。为了躲避追捕，

他们坐独木船出海。结果遇上暴风雨，独木船翻了，所有人都葬身海底。那是一月二十四日夜晚。所以，那些年轻人的亡灵变成的海难法师，每年都会在这个时候出来。

海坊主 うみぼうず

体形庞大的秃头海怪

黑乎乎的大妖怪——海坊主[1]

海里还栖息着海坊主这种可怕的妖怪。海坊主又被称为“海入道[2]”，有着黑乎乎的庞大身体和光秃秃的大脑袋。有的海坊主长着像鸟喙一样的嘴巴，有的海坊主脸上连眼睛、嘴巴、鼻子都没有。

日本的东北地区有这样一种习俗：出海打鱼时，要把最先捕获的鱼进献给海神。否则，庞大的海坊主就会出现，把船打翻，或者把船主抓走。

渔民们看到海坊主出现时，不能大呼小叫“那是什么怪物”，不要开口说话，也不要朝那边看。

从前，有个村民带着妻子去坐船。船夫提醒道：“这船不能载女人哟。”但他不听劝阻，非要带着妻子上船。船只驶出港口，没过多久就遇到暴风雨，眼看着就要被打翻了。船夫意识到这是触怒了龙神，便把船上装载的货物和乘客们的行李一件件扔进海里，但毫不见效。这时，海面上出现了海坊主——长着黑乎乎的大脑袋，两眼放光，嘴巴足有六十厘米那么宽。船夫生气地说：“都怪那女人。我都说了不让女人上船，还非要上来。”无奈之下，那个女人纵身跳进海里。海坊主立刻把她叼在嘴里，高高地举起来。这时，暴风雨停歇了，海上变得风平浪静。这个故事记载在《奇异杂谈集》里。

1. 在日语中，“坊主”表示和尚、光头之意。
2. 在日语中，“入道”可表示光头的意思。

《百鬼夜行·海座头》
鸟山石燕
早稻田大学图书馆藏

海坊主被认为是水中之神——龙神衰落后变成的妖怪。据说，龙神常向村民们索要女子作为供品。

盲眼秃头的海座头

海坊主妖怪里还有一种叫海座头。在日语中，“座头”有盲眼僧人之意。据说，每到月末，海座头就会出现。

从前，有个船夫独自出海。突然，天空乌云密布，十余米高的大浪把小船团团包围。船夫害怕得蹲在船里。这时，海座头出现了，对他说：“很可怕吗？”他回答：“太可怕了。请救救我吧！”海座头扔下一句“月末不能乘船出海哟”，便消失了。然后，海面立刻恢复风平浪静，天空中的乌云也不见了。

海女房，海坊主之妻，手指间有蹼

海坊主的妻子叫海女房，有头发、眼睛、鼻子、嘴巴，还有手脚，形似人鱼，手指间有蹼。据说，它一般都是带着小孩一起出现。

在岛根县有这样的传说：有一天，海女房带着小孩来到村里，把村民用大木桶腌制保存的咸鱼全部吃掉了。海女房的下半身像幽灵一样模糊不清，有时又被称为“矶女”或“濡女”（参见122页）。据说，在鹿儿岛县，海女房被称为“矶姬”，会吸人血。

像拇指一般大小的怪童——浪小僧

浪小僧，也称“海小僧”，是栖息在海里、形似孩童的妖怪。静冈县流传着这样的故事：一个少年耕完地，在小河边洗脚。这时，从草丛里传来“喂——”的招呼声。他仔细一看，面前站着一个拇指大小的小孩子。小孩子对他说：“我是浪小僧，住在前面那片海里。前两天下了大雨，我被海水冲到陆地上来。现在太阳晒得正猛，我回不去了。请你送我回海边吧。”少年觉得浪小僧很可怜，就把它送回去了。

后来，少年所在的村子很久没有下雨，水田干涸，稻子都枯萎了，少年一筹莫展地在海边徘徊。这时，他忽然看见什么东西迈着小步子从海里朝自己这边跑来。定睛一看，原来是上次见过的浪小僧。浪小僧对他说：“谢谢你上次送我回家。我父亲求雨很厉害的，我这就让他帮忙求雨。”

浪小僧接着又说：“以后，快下雨时我在东南方向，雨快停时我在西南方向，发出波浪声通知你。”说完，它就消失了。没过多久，果然下起了大雨，村里人这才度过了旱灾。

从那之后，这个村子的人就经常通过波浪声来预知天气。

《东海道五十三对·桑名·海坊主》
歌川国芳
龟山美术馆藏

舟幽灵 ふなゆうれい

用长柄勺子往船里舀水、把船弄沉的幽灵

让船沉没的舟幽灵

在大海上，我们可以通行船只，可以捕鱼，让生活变得更富裕。然而，古时候的造船技术和航海技术还不发达，一旦在海上遭遇暴风雨，船就会被汹涌的巨浪打翻。对古时候的人来说，大海是很可怕的。因此，人们认为海里有各种各样的妖怪，这些妖怪会把船弄翻。

其中有一种妖怪叫舟幽灵。人们夜晚在海上打鱼或行船，有时会发现船突然倾向一侧，或看见前方出现岩石或海岛，或感觉到有什么东西正向这边靠近。另外，海面上还会浮现一些棉花状的物体，然后越来越膨胀，长出眼睛、鼻子，变成几十个怪物，纷纷伸手攀爬到船上。

这些舟幽灵大叫："把长勺给我！把长勺给我！"或是大叫："借长勺用一下！借长勺用一下！"它们要用长柄勺子把海水舀进船里，把船弄沉。船上的人如果把勺子给它们，船肯定会被弄沉；但如果不给，又不知它们会干出什么坏事。这时候，人们可以把事先准备好的没有底的长柄勺子递过去。舟幽灵用这没底的勺子拼命舀水，但一点水也舀不起来，最后只得放弃，纷纷散去。因为这个来由，舟幽灵又被称为"借大勺"或"给长勺"。

舟幽灵，还能让人们看见几十艘船排成一列在远处的海面扬帆航行的幻象。如果跟着那个"船队"行驶，就会被带到海里去。宫城县流传着这种说法：在海上行船，如果舟幽灵的"船队"出现，把自己的船驶到最前面，然后朝"船队"凝视，幻象就会消失。

误导航向的亡者火

舟幽灵有时会在海面上点火，误导船的航向。人们把这称为“亡者火”“迷火”。当然，日本各地对其称谓也各不相同，例如：在岛根县叫“村纱”，在长崎县叫“怪士”，在鹿儿岛县叫“亡灵火”……

从前，风雨交加的夜晚，人们会在岸边陆地上点起篝火，以此向海面上的行船告知航向，防止遭遇海难。这种时候，舟幽灵会在反方向的海面上点火，故意误导航向。岸上的篝火不会移动，只在固定的地方燃烧，而“亡者火”在海面上飘飘摇摇，按理说应该能区分清楚，但船夫往往在不知不觉间就被海面上的怪火引入迷途。

这样的舟幽灵，似乎大多出现在下雨天、满月或新月的夜晚。高知县流传着这种说法：遇到舟幽灵时，把灰或四十九块年糕扔进海里就能化解；舟幽灵贴附在船底时，可以用竹竿在水里来回搅动来化解。

《绘本百物语·舟幽灵》
竹原春泉
川崎市市民美术馆藏

《头尽画帖·船夫与舟幽灵》
河锅晓斋
河锅晓斋纪念美术馆藏

《文治四年摄州大物浦难风之图》

歌川国周

尼崎市立地域研究史料馆藏

大物浦是位于现在兵库县尼崎市的港湾。被源赖朝追杀的源义经一行从大物浦开船驶向西国，途中遇到大风。船头海里漂浮着平家的亡灵

桥姬 はしひめ

出现在桥上的嫉妒女神

宇治桥姬

河上的桥，被认为是神仙鬼怪的世界和人类世界之间的分界线，就像那些村界和交叉路口一样。为了防止妖怪越界闯入人类世界，人们自古就在这些地方祭拜塞神和道祖神。在桥边祭拜的是桥姬这位女神。

其中尤为有名的，是人们在流经京都府的宇治川上的宇治桥祭拜的宇治桥姬。关于宇治桥姬，自古就有各种各样的传说，平安时代初期的《古今和歌集》里有相关的和歌。

其中一个传说是这样的：从前，在宇治川附近住着一对夫妇，丈夫离开家去龙宫寻宝，一直没有回来。妻子悲伤过度而在桥边死去，变成了妖怪。另一个故事则是说，丈夫爱上别的女人，被抛弃的妻子嫉妒难耐，跳进宇治川自尽，后来变成妖怪，加害于人。

变成妖怪的桥姬

桥姬变成妖怪之后，面容丑陋，而且嫉妒心很强——自己得不到幸福，所以看到别人结婚就会非常嫉妒，百般阻挠。因此，婚礼队伍绝不能从桥上过去。另外，如果有人在桥上谈论其他桥，桥姬就会很生气地发起暴风雨。

如果有人唱女人善妒的谣曲，就会招来不幸。据说，这也是桥姬搞的鬼。

桥姬经常托过桥的旅客捎信给远方的桥神或湖神——她们是桥姬的姐妹。山梨县的浊川流传着这样一个可怕的传说：桥姬托过桥旅客捎信，旅客在半路上偷偷打开信来看，只见上面写着：“杀死这个人。”旅客大吃一惊，连忙改成“不能杀死这个人”，最终才逃过一劫。不过，在秋田县倒是流传着另一个传说：旅客从托他捎信的女神和收信的女神那里都收到谢礼，变成了大富翁。

《今昔画图续百鬼·桥姬》
鸟山石燕
日本东北大学附属图书馆藏

川姫 かわひめ

在河里诱惑年轻人的美女

在福冈县广为流传的川姬，是容貌美丽的妖怪。趁着小伙子们聚集在水车木屋里，川姬突然转动水车。这时候，要低下头，不去看川姬。小伙子要是看了川姬，被其美貌打动，魂魄就会被摄走。

除此之外，河里还有各种以人的形象现身的妖怪。

江户时代，在现在的青森县岩木川上游，有几个樵夫在河滩上搭了一间小屋供工作时居住。一天晚上，突然从门外传来一个老太婆的声音："我家小孩经常受到你们的关照，我现在来上门道谢。"在明亮的月光下，几个樵夫除了自己之外，并没看见其他人。大家心想：这可能就是传说中的"河媪"了。大家心里非常害怕，无法入睡，一直等到天亮。

香川县流传着"川女郎"的传说。每当洪水泛滥要冲垮河堤时，川女郎就会大声哭喊道："房子快被冲走啦！"

至于"川赤子"这种妖怪，则据说是掉进河里淹死的小孩的亡灵，会发出类似婴儿哭泣的声音。

川天狗 かわてんぐ

嫁给天狗的美貌妖怪

在东京都奥多摩町的山谷里，流传着关于川天狗这种女妖怪的传说。每当天气恶劣的日子，川天狗就会穿上漂亮的长袖和服，打着雨伞外出。它会发出山崩似的巨响，或者变出很多座虚幻的桥，或者变出长长的大瀑布。如果有人想看瀑布而走上前去的话，就会一头栽进山谷底。

据说，住在其他山谷的川天狗不会害人，但经常独自一人坐在岩石上，看起来很寂寞。后来，它消失了一段日子。到了秋天的一天，一只神气活现的天狗出现在岩石上，旁边偎依着一个美女——据说这美女就是川天狗，嫁给了天狗为妻。

在神奈川县，晚上人们去河里打鱼时，有时会看见黑暗中有巨大的火球。当渔夫撒网时，会发现前面也有人在撒网，但不见其人。有时则会听见很多人的嘈杂声，或看见火把。据说，这些都是川天狗所为。

獭 かわうそ

装扮成小孩或美女来骗人

水獭属于鼬科哺乳类动物，样子如小狗，脚很短，皮毛为黑褐色，在水里捕鱼为食。在日本，只有四国地区等地栖息着少量水獭。

而“獭”这种妖怪，据说是这样的——突然拽住河岸上的行人的脚，故意吓人一跳；或是装扮成小孩或美女，说人话来骗人。据说，獭年老之后会变成河童。

有这么一个传说：栖息在石川县金泽城的护城河边的獭，穿上漂亮的和服，装扮成美女，想诱惑一个小伙子。它一路尾随，甚至还跟着来到了小伙子的住处。小伙子的同伴们发现这美女是獭装扮而成，就把小伙子藏了起来。獭没有摘下斗笠，一直在旁边等候。夜色渐深，獭摘下斗笠，变成了目露凶光的老太婆。最后，它还是找到了那个小伙子，并把他咬死了。

《画图百鬼夜行·獭》
鸟山石燕
川崎市市民美术馆藏

川熊 かわくま

从河水中伸出黑手的妖怪

江户时代，秋田县有一位老爷正在船上悠然钓鱼，这时一双黑手从河水中伸出来，把他的火枪抢走了。擅长游泳的家臣跳进河里，把火枪捡了回来，只见火枪上赫然有川熊留下的抓痕。

还有另一个传说。有个男人半夜乘船时，看见有个怪物从河里伸出手来攀在船舷上。他大吃一惊，挥刀砍断了那只手。怪物撇下断手逃跑了。男人仔细一看，那只断手就像猫的爪子一样。

新潟县则流传着这种说法：信浓川的洪水冲垮了堤坝，泛滥成灾，这其实是川熊搞的鬼。

海幽灵

あやかし

死于海上之人的亡灵出来寻找同伴

从前，有一艘船经过千叶县大东岬的海面时，船老大让一个船员到岸上去打水。船员在草原上找到一口井。有个美女站在井边，热情地为他打水。船员拿着水回到船上，并跟船老大说起刚才打水的事情。船老大顿时惊叫起来："那里没有井呀。之前也听说，有船只失踪了。我们遇到海幽灵了！快开船逃跑吧。"他们急忙开船，离开岸边。这时，刚才那个美女跳进海里，在后面紧追过来。船老大挥动船桨不让她靠近，这才终于逃脱。

山口县的海幽灵，是指那些死于海上之人的亡灵。为了寻找同伴，海幽灵出来到处游荡。据说，人们在去海面上捡拾漂流物时，经常会遇到海幽灵。不过，如果给大海进献盐和水，或者把干净的炉灰撒进海里，海幽灵就不会出来。在长崎县，海幽灵是指那些在海面上出现的怪火（参见140页）。

《今昔百鬼拾遗·海幽灵》
鸟山石燕
日本国立国会图书馆藏

矶抚 いそなで

用尾巴上的针把人拉进海里的怪鱼

在佐贺县和长崎县的海面上，有一种名叫矶抚的妖怪，样子如鲨鱼，尾巴上长着很多铁针。

每当刮起猛烈的北风时，矶抚就会出来，用尾巴上的针钩住船上的人，将其拉进海里吃掉。

《绘本百物语·矶抚》

竹原春泉

川崎市市民美术馆藏

共潜 ともかずき

渔女潜入海底时，会遇到的渔女模样的妖怪

对那些潜入海里捕捞贝类或海藻的渔女来说，最恐怖的就是在海底遇到共潜这种妖怪。共潜看上去跟渔女几乎没什么两样。当渔女潜入海底时，共潜就会出现，默默地微笑着。有时会把鲍鱼递给渔女，有时则会拉住渔女的手，带她去别处。

如果渔女收下鲍鱼或跟着去别处的话，那就会很危险，因为潜入海里时间太久是会窒息的。据说，当对方把鲍鱼递过来时，渔女只要背转过身，把手伸到背后去接，就不会有危险。

遇到共潜之后的几天，渔女暂时不能下海，其他同伴也会停工休息两三天，等共潜远去之后再下海。

赤鲟 あかえい

像小岛一样庞大的鱼

鲟这种鱼类，身体扁平，鱼鳃长在腹部。而名为赤鲟的妖怪，身体长达十几千米，有时为了抖落背上堆积的泥沙，会浮到海面上来。人们看见它，还以为是小岛，划船驶近时，它却突然沉入海底。每当此时，海面上就会波涛汹涌，造成船难。

从前，千叶县有两个船夫乘坐一艘大船出海，因为遇到暴风雨而到处漂流，后来和另外二十一个人登上了一座小岛。那是一座无人岛，没有房屋，岩石上长着很多从来没有见过的草和树木，树枝上挂着海藻。他们走了很久，看到的都是一样的景色，而且岛上只有海水，不能饮用。

无奈之下，大家只得回到船上。船刚开动时，那座小岛突然沉入了海里。这时他们才知道，刚才踩到的地面，原来就是传说中的“赤鲟”。

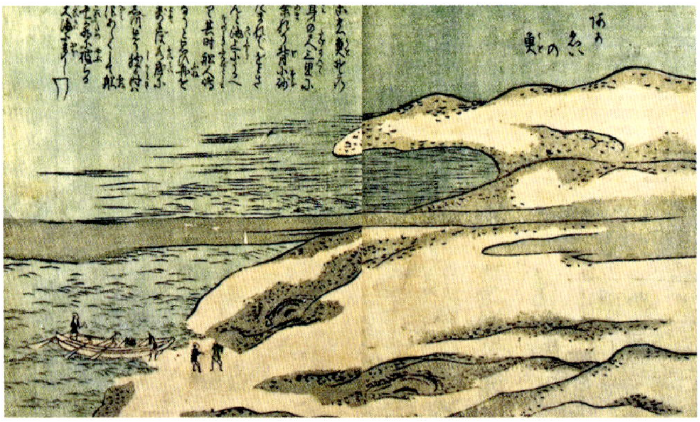

《绘本百物语·赤鲟》
竹原春泉
川崎市市民美术馆藏

三 村里的妖怪

在人们劳动和生活的村庄和城镇里，也有妖怪出没。白天在行人往来众多的道路上，有时也会出现妖怪，把人吓一跳。尤其是交叉路口，被认为是神灵鬼怪集聚之处。“狐狸”和“狸子”就经常出没于这些地方，乔装打扮成其他形象来诓骗路人。另外，脸上没有眼睛、鼻子、嘴巴的妖怪“野篦坊”，以及身体会越变越大的妖怪“见越入道”，也会等候在路边，伺机跳出来。

妖怪会在什么样的地方出没呢？

岩井宏实

妖怪并不是随随便便在哪里都会出现的，各种妖怪都有各自固定的出没场所——大致可以分为山、海、河、道路（村子）、宅院。山里的妖怪有鬼、天狗、山姥、山爷等，海边的妖怪有海坊主、舟幽灵、濡女等，河里的妖怪有河童及其同类，道路上的妖怪有狐狸、貉、见越入道等，宅院里的妖怪有座敷童子、化猫等。

以上这些场所，都是日本人在长期生活中从精神上感到特别的空间。在日本人的想象中，有两个世：一个是自己所在的现实世界，即“现世”；另一个是神仙所在的世界，即“他界”。而“他界”又可以分为“天空他界”“山中他界”“海上他界”。在“他界”和“现世”的交界处，既有神圣的灵（神），也有没落的灵（妖怪）。

因此，山里的妖怪的出没之处，并不是人迹罕至的深山里，而是深山与山村之间的交界地带——距离人们日常生活空间不太远的地方。这个场所，就是山神统治的领域和人类居住的山村的交界处。对人们来说，这个交界处的对面属于超自然空间，因此人们往往对其抱有畏惧之情。

海，也与此类似。深不见底的大海洋，被认为是海神和龙神统治的世界。海底世界和人类世界的交界处是海面，大海和村庄的交界处是海滩。这些场所，既是人们受惠于大海丰富资源的地方，也是各种妖怪聚集的地方。

住在村庄或城镇的人们，则认为交叉路口与河流就是“现世”和“他

《俵藤太秀乡绘卷》
日本国立国会图书馆藏

界”的交界处。说到交叉路口，有的是T字形的三岔路口，有的则是十字路口。人们就在这些重要场所迎送、祭拜神灵，或送别死去的人。河流也是划分生活空间的重要边界——河流这边是人们自己居住的地方，而河流对面则属于“他界”。至于横跨两个世界的河上的桥，佛教认为可以联结“净土”（佛的世界）和“现世”，也是两个世界的分界线。

宅院里有很多妖怪出没。那些平时没人住或没人出入的房间，被认为是非日常空间，有妖怪栖息在这里。另外，相对于白天的世界而言，夜晚的世界也属于非日常空间，所以妖怪通常会在夜晚出来。直到今天，人们要建造新房子的时候，在正式开工前，还会举行地镇祭（奠基仪式），以祈求平安顺利——这原本是为了镇住这块土地上的精灵。因为人们意识到，在这块土地上建造新房子，就会有新的精灵出现。

狐狸 きつね

稻荷神的使者也会骗人

稻荷神的使者

自古以来，世界各地的人们就认为狐狸是一种狡猾的动物，有很多关于狐狸骗人的故事流传下来。

但在日本，狐狸却一直被认为是稻荷神（掌管食物和农业的神）的使者。狐狸下山觅食，刚好是在稻米成熟的时节。所以，古时候的人们认为，田神为了告诉人们稻米成熟了，所以才特意派出狐狸这个神圣使者来到村子里。

因此，人们在全国各地建造神社祭拜的神之中，排第一位的就是“稻荷大明神”，地位非常高。在江户时代，人们对于稻荷神的信仰尤为虔诚，还亲切地称其为“稻荷先生”。据说，狐狸很喜欢吃油炸食物，所以人们把用油炸豆腐皮包的寿司叫作“稻荷寿司”，把放入油炸豆腐的汤面叫作“狐狸乌冬面”。

骗人的狐狸

另一方面，狐狸自古以来就被认为是经常骗人的形象。在日语中，用“被狐狸迷住”这个惯用语来表示“莫名其妙、一片茫然”——其实就是被狐

《绘本百物语·野狐》
竹原春泉
川崎市市民美术馆藏
据说狐狸会偷吃灯笼里的蜡烛

狸欺骗时的状态。

编纂于平安时代的《日本灵异记》里，就收录了关于狐狸骗人的故事。一个住在现在的岐阜县一带的男人想找个媳妇。有一天，他在野地里遇见一个美女。两人相爱，结婚，生子。可后来有一天，狗吠叫着朝他妻子扑过去，撕咬她。她仓皇逃跑时，终于显露出了狐狸的原形。

像这样，人们用“露出尾巴”这个惯用语来表示“隐藏的事情败露或原形暴露”的意思。

另外，在江户时代的故事集里还记载着这样一个故事。有个人在现在的群马县一带旅行时，遇到一个和尚在口中喃喃地专心念佛，头上和手上却缠绕着一圈圈藤蔓。他觉得奇怪，就朝那和尚喊了一声。那和尚这才回过神来，告诉他：

“昨天晚上，狐狸想来偷团子吃，我就用拐杖把它赶跑了。后来，我在山路上行走时，有一队大名出行的队列从对面走来。他们用绳子捆住我的手脚，想要砍掉我的头。我连连道歉求饶，可是他们却不肯放过我。我心想这下可没命了，索性就专心地念起经来……”

那大名队列其实是狐狸变出来报复他的，而捆住他手脚的“绳子”，其实是一圈圈藤蔓。

《百怪图卷·野狐》
佐胁嵩之
福冈市博物馆藏
据说野狐经常乔装成美女

《北越奇谈·青山狐》
葛饰北斋
早稻田大学图书馆藏
狐狸背着地藏菩萨石像，乔装成女人，以此诓骗男人。栖息在新潟市青山的狐狸的故事

乔装成女人的狐狸

在东京被称为“江户”时的某一天，有个人送完信便往回走，那时天色渐晚，还下起了大雨。他撑起伞继续走，然后发现前面有个女人，浑身湿漉漉的，令人心生怜悯。于是，他说：“你进伞里来一起遮雨吧。”对方回过头来，竟然是一张妖怪的脸，嘴巴咧开到耳边！他吓得顿时晕倒过去。据说，这附近栖息着狐狸，一到夜晚就出来骗人。

狐狸经常像这样乔装成女人。仔细看，它身上穿的和服的花纹，即使在黑夜中，也清晰可见。另外，还有这个说法：人们之所以会被狐狸欺骗，是因为被它看清了自己有多少根眉毛。所以，只要往自己的眉毛上涂唾沫，就不会受骗上当。

还有这样一个故事。妻子生病了，长期在娘家养病，留下丈夫一个人生活。有一天，丈夫去河边钓鱼，发现一只从上游冲下来的白色狐狸，就把它救起来。几天后，有个女人找上门来，说愿意帮忙做家务。丈夫就收留她，两个人一起住了。

不久，两人生下了一个小孩。有一天，小孩对父亲说：“妈妈正用尾巴在院子里扫地呢。”他这才知道，原来这个女人是狐狸变的，于是想把她赶走。狐狸唱起歌谣：“你如果想我了，就请来信田森林看我吧……”然后就回山里去了。从那之后，他们家的稻田年年丰收。江户时代的净琉璃[1]《信田妻》《葛之叶》，讲述的就是这个故事。

《源氏云浮世画合之二·帚木·葛之叶狐·童子》 歌川国芳
东京都立中央图书馆特别文库室藏
《葛之叶》又被称为《信田妻》，这个传说经常成为文乐或歌舞伎等传统戏剧的题材

1. 净琉璃：日本一种传统的民间艺术，在三味线（三弦琴）的伴奏下说唱。

《江户名所道戏尽之十六·王子狐火
歌川广重
日本国立国会图书馆藏

《绘本百物语·白藏主》
竹原春泉
川崎市市民美术馆藏
狐狸装扮成寺院的白藏主法师，劝诫其侄子不可杀生

附体的狐狸与帮助人的狐狸

据说，狐狸不仅能乔装成人，还能附体。其中最为有名的，是以下这个故事。安土桃山时代的天正三年（1575 年），在织田信长和德川家康的联军击败武田胜赖的长篠合战中，火枪的子弹射瞎了一只狐狸的左眼。祸不单行，这只狐狸后来在睡午觉时，又被猎人开枪射中左脚，走起路来一瘸一拐的。

在长篠城遗址（今爱知县东部），人们曾经祭拜过这只狐狸，但后来渐渐无人问津了。于是，这只狐狸就开始附体。

狐狸附体在人身上，借人之口开始讲述长篠合战，然后又讲自己的生平经历。而被狐狸附体的这个人，会出现“左眼流眼屎”和“左脚疼痛”的症状。

其实，狐狸不仅会骗人和附体，有时还会帮助人。

从前，在现在的静冈县一带有一只名为阿竹的老狐狸。村里人举行葬礼或婚礼需要大宴宾客时，如果碗或餐盘不够用，只要进山向阿竹狐求助

《白藏主图》
大原吞舟
福冈市博物馆藏

“请在哪一天借给我多少套餐具”，餐具就会在宴会当天全部备齐。据说，这是阿竹狐帮忙准备的。

还有这样的传说：住在现在的岩手县一带的白狐，和孩子们相处得很好。这只白狐不仅教孩子们如何像狐狸一样轻快敏捷地跳跃，甚至还教他们读书学习。另外，白狐还拿出自己从大人那里骗钱买来的脆饼，说要跟孩子们的便当交换。

《木曾街道六十九次之内・下诹访・八重垣姬》
歌川国芳
东京都立中央图书馆特别文库室藏
为救未婚夫武田胜赖的性命，八重垣姬借助白狐之力渡过结冰的诹访湖

《名所江户百景·王子装束朴树·除夕之狐火》 歌川广重
日本国立国会图书馆藏
除夕之夜，关东地区的狐狸聚集到王子稻荷神社，因此可以看到许多狐火

狸子 たぬき

素有“狸八变”之称的乔装能手

善于八变的狸子

狸子与狐狸，并称最会乔装骗人的动物。正如谚语“狐七变，狸八变”[1]所示，狸子比狐狸更加变化多端。不过，狸子变身感觉有些滑稽，不太可怕。

狸子有时会变成建筑物或工具。从前，有个人从京都的寺院前走过，发现这里比平时多了一道山门，觉得很奇怪。这时，一个飞脚（古代的信使）牵着一匹马经过这里。那匹马嘶叫了几声，那道山门便突然消失不见了。原来，那道山门是狸子变成的。狸子最讨厌马，一听到马的嘶叫声就连忙逃走了。

在关于狸子变成工具的各种传说中，“文福茶釜”的故事尤为有名。在群马县馆林市，有一位以砍柴为生的贫困的老爷爷，他救了一只被孩子们欺负的狸子，后来狸子前来报恩。

一开始，狸子变身为茶釜[2]，老爷爷把茶釜卖给了茂林寺的和尚。在寺院里，小和尚经常用砂子擦茶釜，狸子疼痛难忍，于是逃回了老爷爷家里。后来，狸子又变成女人、马，帮助老爷爷过上了富裕的生活。

1. 这个谚语表示“强中更有强中手”。
2. 茶釜：煮水的锅。

狸子报恩

冈山县也流传着关于狸子报恩的故事。在一位武士家里，妻子去上厕所，发现有一只毛茸茸的手从茅坑下面伸出来摸她的屁股。他们觉得很可怕，就搬到其他地方去住，但还是一样。最后，丈夫用刀砍断了那只手。妖怪逃跑了，现场留下一只狸子的手。

后来，丈夫晚上梦见狸子向他哀求：“请把手还给我吧。为表感谢，我会把秘方药的制作方法告诉你。”于是，丈夫把手还给了狸子，狸子把秘方药的制作方法告诉了他，然后消失不见了。后来，这家人把秘方药取名为“狸传膏”，并拿去卖。

《绘本百物语·豆狸》 竹原春泉

川崎市市民美术馆藏

豆狸把阴囊变大并披在头上，冒雨出去买食物

《新形三十六怪撰·茂林寺的文福茶釜》 月冈芳年
静冈县立中央图书馆藏

阿波的狸子合战

阿波地区（今德岛县）流传着很多关于狸子妖怪的故事。当地有一座坊主桥，桥边草丛里栖息着很多坊主狸，它们会把晚上路过此地的行人的头发剃光。除此之外，还有各种在深夜妨碍过路行人的狸子妖怪：变成一

扇大屏风挡在路中间的屏风狸，吊起很多张蚊帐不让行人通过的吊蚊帐狸，使沙子从天而降、让行人分不清方向的特异狸子……

其中，最有名的是“狸子合战”的故事。吉野川两岸各住着一只狸子头目，一只叫赤岩将监，另一只叫镇十郎。它们各自率领附近的狸子，不断扩充势力。后来，双方终于爆发了战争。镇十郎兵败后，向赞岐（今香川县）屋岛的秃狸请求援军。秃狸觉得这是向阿波地区扩大势力的绝好机会，便派出大军。在战斗中，两支狸子军死伤无数，但一直分不出胜负，维持着互相对峙的局面。

秃狸军中的狸子为了解闷，每天晚上都闹哄哄地演戏玩闹，吵得附近的村民睡不着。于是，村民就请猎人来制伏这些狸子。

猎人循声走近，只见神社里聚集了许多狸子，正在上演平氏与源氏交战的“屋岛合战”这出戏。表演非常精彩，以至猎人都看得入迷了。不过，猎人很快回过神来，对准舞台上的大狸子开了一枪。然而，狸子们没有任何反应。

于是，猎人对准最大的一盏灯开了一枪。灯光顿时熄灭，钲鼓之声也立刻停止了。第二天早上查看，发现那里变成了一个血池子。从那以后，晚上就变得很安静了。

后来才听说，那天深夜，有一队蒙面武士让船夫划船载他们过河。其中，有一顶轿子，里面坐着被枪弹击中的秃狸。

狸子合战最终也没分出胜负，就这样不了了之了。直到今天，人们还把赤岩将监这位狸子头目当作“狸神”来祭拜。

《四国奇谈·实说古狸合战》
日本国立国会图书馆藏

狸子鼓腹与狸子奏乐

狸子会发出奇怪的狸囃子。所谓“狸囃子”，就是深夜时分不知从哪里传来的钲鼓之声。据说，鼓声是狸子拍打自己的大肚子发出来的，也叫“狸子鼓腹”。

正如童谣《证城寺的狸囃子》唱的，在寺院里也能听到狸囃子。据说，在江户城里更是能经常听到。一到晚上，远处时常会传来鼓声，但不知道是从哪里传来的。九州平户藩的府邸位于本所（今东京都墨田区），据说，藩主松浦静山也曾听到过这种狸囃子。本所是狸子妖怪经常出没的地方。《本所七大怪谈》的讲谈[1]里就收录了狸子变成七种妖怪的故事。

《绘本百物语·芝右卫门狸》
竹原春泉
川崎市市民美术馆藏
这只狸子每天来到兵库县淡路岛的芝右卫门，给人们讲故事，结果被狗咬死了

1. 讲谈：类似于中国的评书、评话。

《新形三十六怪撰·武田胜千代月夜击杀老狸之图》

月冈芳年

静冈县立中央图书馆藏

《楠多门丸降伏古狸之图》

月冈芳年

早稻田大学图书馆藏

楠多门丸即楠木正成之子——楠木正行

芳年画

楠多門丸正行

土蜘蛛 つちぐも

经常隐藏在黑暗中，吐丝捕捉猎物

蜘蛛妖怪

蜘蛛的样子很可怕，属于肉食性动物，通过吐丝结网捕捉虫子。这样的形象，让人们感到厌恶、畏惧。日本流传着这种说法：“早晨的蜘蛛是福，夜晚的蜘蛛哪怕貌似父母也要除掉。”可见，夜晚出来的蜘蛛被认为是害人之物。

从前，长野县住着一对贫穷的母子。儿子生病发高烧，表情痛苦地说着胡话：“蜘蛛来了，蜘蛛来了……”母亲守候在旁，准备等蜘蛛出来就踩死它。然而，生病的儿子能看见蜘蛛，母亲却看不见。

有一天，母亲终于发现了躲藏在儿子床铺底下的蜘蛛，正要捉住它，结果反而被蜘蛛丝缠绕住了。母亲大声求救，邻居们及时赶来，用斧头和砍刀斩断蜘蛛丝，把蜘蛛赶走。之后，儿子的病也逐渐好转。

还有这样一个故事。一个修行僧，在京都的一座叫大善院的寺院里留宿，深夜时，突然听到巨响，佛堂像发生地震似的剧烈摇晃，有一只大手从阁楼上伸下来摸他的脸。他挥刀砍去，只见那只大手变成身长近一米的大蜘蛛。

像这样，蜘蛛经常隐藏在黑暗中，加害于人。蜘蛛，被认为是心怀怨恨而出来作祟的恶灵，据说很害怕刀、斧等利器。

源赖光制伏土蜘蛛

制伏大江山的酒吞童子的源赖光（参见 28 页），患了类似疟疾（热带性传染病）的热病，无论请来什么名医都治不好，苦不堪言。

一天晚上，照料源赖光的家臣四天王都已入睡。这时，一个身高两米以上的和尚，从微亮的灯光阴影处走出来，想用绳子捆住源赖光。源赖光被惊醒，挥刀砍去，和尚仓皇逃往山里。四天王及时赶到，沿着一路上滴落的血迹寻找，最后在泥土里发现一只身长一米多的土蜘蛛，遂将其制伏。然后，源赖光的病很快痊愈了。

描写平家一族历史的《平家物语》就记载了这个传说。而且，以土蜘蛛为题材的谣曲、三弦曲、歌舞伎直到今天仍然在上演。

室町时代的《土蜘蛛草纸》，是以源赖光制伏土蜘蛛的故事为题材的画卷，不过具体情节略有不同。

《今昔画图续百鬼·土蜘蛛》
鸟山石燕
日本东北大学附属图书馆藏

靱負尉貞光
玉蘭斎貞秀

《源赖光公馆土蜘蛛妖怪之图》

桥本贞秀

大阪城天守阁藏

源赖光与四天王受尽土蜘蛛及其召集的妖怪之折磨

《芳年漫画·天延四年秋妖怪土蜘蛛骚扰源赖光寝室，酒田公时等宿直欲拂其妖图》
月冈芳年
日本国立国会图书馆藏

《新形三十六怪撰·源赖光砍土蜘蛛之图》
月冈芳年
东京都立中央图书馆特别文库室藏

《玄海泷右卫门・鹫津六郎・鹫津七郎・舟越实为若叶姬》
歌川国芳
日本国立国会图书馆藏

源赖光与家臣渡边纲一起来到京都北部，看见一个骷髅头从天空中飞过。两人紧追不舍，来到一间旧屋。各种各样的妖怪跳出来，两人折腾了一整夜。天快亮时，一个美女出现了，朝源赖光扔去白云。源赖光挥刀砍去，那美女流出白色的血，随即仓皇逃跑。源赖光又紧追出去，最后来到一个洞窟前，把躲在里面的怪物拉出来砍死。原来是一只巨大的土蜘蛛。

化身为女人的女郎蜘蛛

有一种蜘蛛名为“女郎蜘蛛”，腹部的黑黄色花纹看起来很神秘，雌性的体格比雄性大，经常变成女妖怪现身。

江户时代的故事集《宿直草》，记载了以下这个故事。

某日，一个二十多岁的女人抱着小孩来到一个青年武士面前，说：“这是你的孩子。”武士立刻意识到这个女人是妖怪，便拔刀砍去。女人仓皇逃跑，躲到了阁楼上。第二天一早，武士爬上阁楼，看见很多具人的尸体，其中还有一具长约五十厘米的女郎蜘蛛的尸体。那些尸体全都是被女郎蜘蛛咬死的。

《佐藤正清降伏怪物之图》

歌川芳虎

兵库县立历史博物馆藏

佐藤正清，即丰臣秀吉的家臣——加藤清正。据说，攻打四国时，他曾在山中降伏土蜘蛛等妖怪。

产女·柳女 うぶめ・やなぎおんな

求人帮忙抱小孩的母亲形象的妖怪

作为帮忙抱小孩的谢礼，把力气传给对方

所谓“产女”，是指因为难产而死的女人变成的妖怪，经常抱着婴儿现身，又名“姑获鸟”。

《今昔物语》里记载了这样一个故事。卜部季武——源赖光手下四天王之一，为了练胆去会见产女。

季武来到河边渡口，产女出现了，并央求他帮忙抱小孩。季武按捺住心中的恐惧接过小孩。产女随即又说：“把小孩还给我吧。”勇敢的季武没有把小孩还给它，而是自己抱回家去了。回到家一看，怀里抱着的却是树叶。

日本各地都有很多关于产女的传说，流传最广的故事是下面这样的。

产女出现在桥边、交叉路口、渡口等地，央求过往行人帮忙抱小孩。行人接过小孩后，小孩会变得越来越沉，没法放下，抱孩子的人也就动弹不得。这时，行人下意识地诵念起“南无阿弥陀佛”，产女便会返回来，说“多亏了你，这小孩才能回到这个世界上”这样道谢的话，随后扬长而去。

抱着小孩的行人，回过神来一看，发现自己怀里抱着的竟然是石头或是用来打稻草的木槌。据说，遇到产女时，可以脱下草鞋扔过去，并对它喊：“这是你的父母！”另外，帮它抱孩子时，戴手套也可以化解。

还有这样的故事。行人接过小孩后，发现小孩变得越来越重，但仍然

坚持抱着。产女为了表示感谢，把力气传给了他。

产女之所以要把小孩交给别人，是出于母亲爱孩子的心理，即使自己死了，也要让小孩继续活在这个世界上。至于行人因为帮忙抱小孩而获得力气，则被认为是产女把生孩子时所用的无穷力气传给了他，以此表示感谢。

《画图百鬼夜行·姑获鸟》
鸟山石燕
川崎市市民美术馆藏

《百怪图卷·产女》
佐胁嵩之
福冈市博物馆藏

柳树精

柳树形态柔和优美，所以经常被用来比喻女人。柳树精也是女人（参见53页）。柳树随风摇曳的姿态很像幽灵的手势，所以，夜晚从柳树下经过，被随风摆动的枝条轻抚脸庞，人们会认为是柳树精所为，并把这种妖怪称作“柳女”“柳婆”等。

一个刮大风的日子，有个年轻女人怀抱婴儿从柳树下经过，被柳树枝条缠住脖子，窒息而死。

后来，心怀怨恨的女人化作幽灵，每晚都到柳树下，泪水涟涟地哭诉：“这可恨的柳树呀……”

《绘本百物语·柳女》
竹原春泉
川崎市市民美术馆藏

雪女 ゆきおんな

穿着白色和服出现的雪精

在雪夜出现、脸色苍白的女人

在北国地区，人们整个冬天都被大雪困在屋里，没法出去干农活。而且，行人因暴风雪意外身亡、屋顶被积雪压垮等事故经常发生，人们深受其苦。

很多人对雪有畏惧之情，相信雪女这种妖怪会在雪夜现身。日本对雪女的称谓有很多，在青森县、岩手县、福岛县，是“雪女子”；在秋田县，是“雪婆”；在山形县、新潟县，是“雪女郎”；在长野县，是“雪阿婆”……

雪女脸色苍白，穿着白色和服，皮肤触摸起来冷冰冰的。她抱着小孩走过来，央求别人帮忙抱小孩。如果听从了她的请求帮忙抱小孩，人就会因冻僵而死。

变成年轻姑娘嫁为人妇的雪女

小泉八云的著作《怪谈》里，记载了一个从东京农民那里听来的雪女传说。

两个樵夫进山砍柴。年老的樵夫名叫茂作，年轻的樵夫名叫巳之吉。从山里回家的途中，他们遇到了暴风雪，便躲进河边渡口的小屋里，打算

在这里过夜。然后，两人迷迷糊糊地睡着了。后来，巳之吉醒过来，发现有个女人弯着腰蹲在茂作旁边。这个女人非常漂亮，但眼神十分可怕。她对巳之吉说："看在你还年轻的分儿上，我就饶了你吧。不过，你千万不能把这件事说出去哟。"茂作死了。第二天早晨，巳之吉被人救了出去。

第二年，巳之吉和一个名叫阿雪的美丽、温柔的姑娘结婚了。他们生了十个孩子，两人过着幸福的生活。一天晚上，巳之吉看着妻子那美丽如昔的面容，不禁说道："我曾经见过一个和你长得很像的女人……"然后，他便把暴风雪之夜的事情告诉了阿雪。

听他说完，阿雪突然目露凶光地说道："我交代过你，千万不能把这件事说出去的。"说完，她就消失不见了。

《画图百鬼夜行·雪女》
鸟山石燕
川崎市市民美术馆藏

《化物尽绘卷·雪女》
北斋季亲
国际日本文化研究中心藏

雪女，其实是神的化身

柳田国男在《远野物语》里记载，岩手县远野地区有这样的传说："在小正月（一月十五日）或冬天满月的夜里，雪女会带很多小孩子来这里玩。"

对村里的孩子们来说，冬天最大的乐趣就是滑雪橇。因为滑雪橇太好玩了，他们经常一直玩到晚上。只有小正月那天例外。父母会提醒："今天雪女会出来，所以要早点回家哟。"

古时候的人认为，在小正月这天，为当年带来丰收的年神会以异于常人的形象出现——秋田县的生剥鬼是其中之一，雪女也是其中之一。远野地区流传着这样的故事：暴风雪之夜，有个穿着白色和服的姑娘前来投宿，一户人家收留了她。第二天一早，姑娘不见了，只留下用湿布包裹着的金块。从这个故事可知，远野地区的人们确实把雪女视为来访的神。

在青森县的一部分地区，人们认为雪女会在正月三日这天来到村里，然后在当年第一个卯日回山里去。据说，雪女在村里逗留期间，一天会有三千三百棵稻苗枯萎。所以，如果当年卯日来得迟，庄稼收成就会不好。在这里，雪女被认为和山神一样（参见 76 页），是在固定的日子来到村里，然后又回山里去。

在和歌山县，有一种被称为雪坊[1]的孩童形象的妖怪，会在雪地上留下独脚行走的足迹。在德岛县，人们把这种妖怪称为"一本足"[2]，并认为它会在每年十二月二十日现身。也许，人们将其视为类似于一目小僧的独眼独脚之神吧（参见 74 页）。

雪女、雪入道、雪坊等，原本是神，后来没落了，变成了妖怪。

1. 在日语中，"坊"可表示对小孩子的昵称。
2. 在日语中，"一本足"表示一只脚、独脚的意思。

一下雪就现身的雪童子

新潟县流传着关于雪童子的故事。

从前，有一对老夫妇膝下无子，为了排解孤寂之情，每天都用雪做成小孩子的模样，权当消遣。一天晚上，来了一个小男孩——酷似老夫妇做的雪人的模样。老夫妇非常疼爱这个小男孩，并悉心抚养他。可是春天到了，小男孩日渐消瘦，最后消失不见了。到了冬天，一下起雪，小男孩就又来了。从此以后，小男孩每年冬天都来。就这样，他渐渐长大了。可是后来，自某一年起，他就再也没有出现了。

这个小男孩，又被称为“雪太郎”，据说是神派来安慰老夫妇的。

一进浴盆就消失不见的冰柱女

在雪国地区，有一种肤色白皙、被称为冰柱女的妖怪。每当冬天开始结冰柱子的时候，冰柱女就会翩然而至，而一到春天又消失不见。

从前，秋田县的某个村子，一对夫妇住在一所孤零零的房子里。一个暴风雪之夜，有个肤色白皙的漂亮姑娘来访，夫妇俩留她住下。接连几天，外面一直下着暴风雪，姑娘没法回去。又一个晚上，夫妇俩烧好洗澡水，让那姑娘入浴，姑娘却一直不肯。后来她总算开始入浴，可是过了很久都不见她出来。夫妇俩心想：别洗得太久晕过去了。进去看，哪里还有那姑娘的踪影。浴盆里只漂浮着一把原来插在那姑娘头发上的梳子，水蒸气也变成了冰柱子。很显然，这位姑娘就是传说中的冰柱女。

大首 おおくび

雨停之后，突然出现的开口大笑的脑袋

开口大笑时，露出染黑的牙齿

雨停之后，星星闪现，会突然出现一个大脑袋，这种妖怪就叫大首。大首乱甩长发，开口大笑时，会露出染黑的牙齿。

据说，平安时代，权倾一时的平清盛迁都到福原（今神户市兵库区）时，曾看见一个大约两米的大脑袋在府邸围墙上方冲他大笑。

出现在府邸的武士大首

江户时代中期出版的绘本《妖怪着到牒》，描绘了出现在府邸的武士大首。

武士们在一个荒废的府邸里守夜。深夜时分，大家都迷迷糊糊地打起盹来。突然，房门被拉开了，一个巨大的武士脑袋出现，说着“大家辛苦啦！”，把守夜的武士们吓坏了。

辘轳首・舞首

说到跟脑袋有关的妖怪，辘轳首和舞首也很有名。辘轳首是脖子渐渐

《今昔画图续百鬼·大首》
鸟山石燕
日本东北大学附属图书馆藏

伸长并能在空中飞行的妖怪（参见253页）。江户时代的怪谈集《古今百物语评判》里记载了这样一个故事：夜里丑时三刻，家中女主人的脖子越伸越长，最后变成一根白色丝线，把脑袋伸到了夜空中。天亮时，才恢复原状。

另外，传说中还有一种悬浮在空中舞动的舞首。江户时代的怪谈绘本《桃山人夜话》里记载了这样一个故事：镰仓时代，三名武士在伊豆的真鹤崎争论不休，结果三个人的脑袋都被砍掉了。后来，每到半夜这三个脑袋就会出现，一边喷火一边舞动。

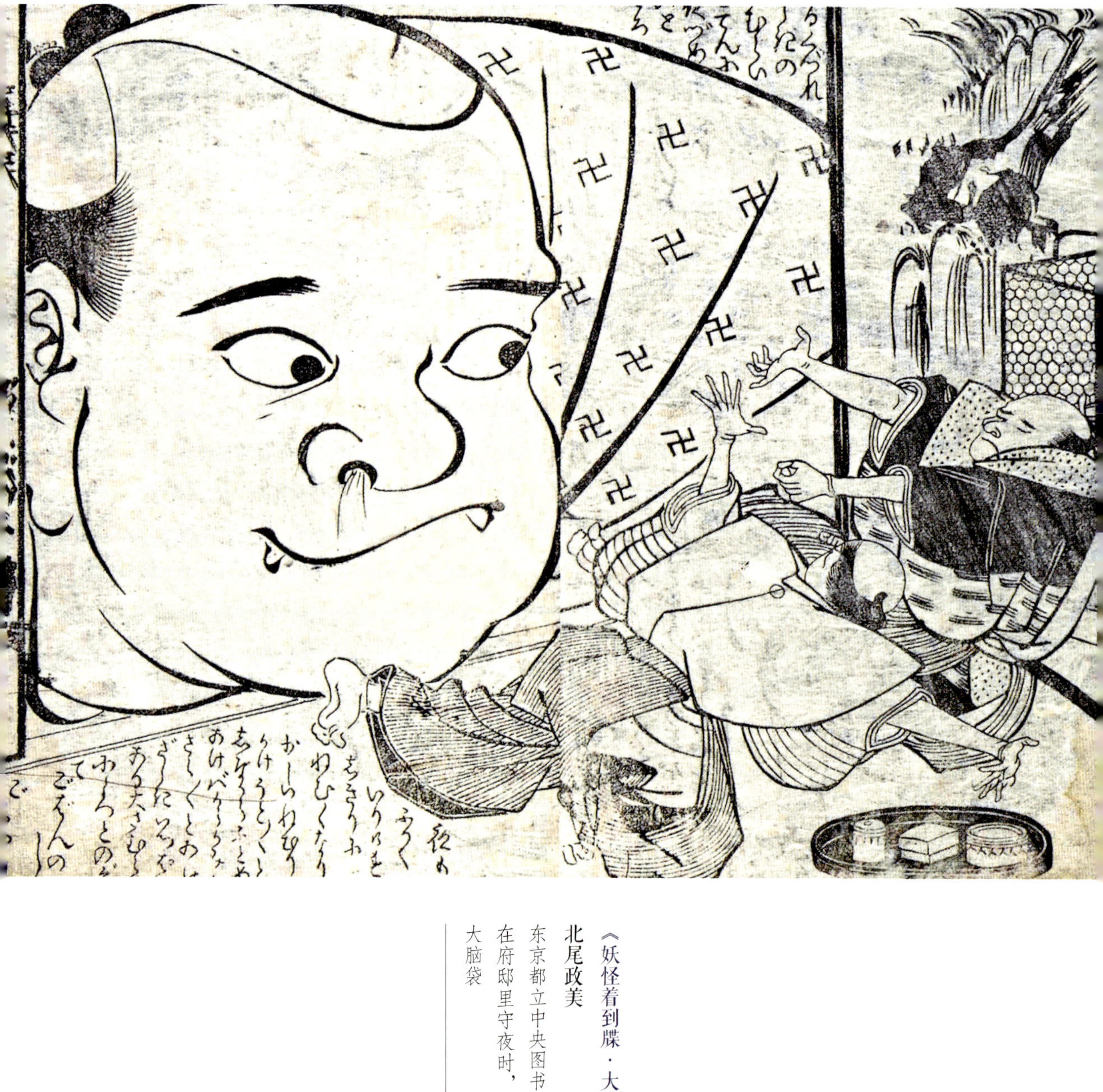

《妖怪着到牒·大首》

北尾政美

东京都立中央图书馆特别文库室藏

在府邸里守夜时，突然出现一个武士的大脑袋

魃·赤舌

ひでり・あかした

干旱时期出现的怪物

魃一出现就会导致全国干旱

种植水稻需要灌溉大量的水，但有的年份夏季干旱无雨，结果颗粒无收。

魃，又被称为“旱母”“魃鬼”“旱神”，是一种会引起干旱的妖怪[1]。它人脸兽身，独手独脚，双眼长在头顶上，跑起来跟风一样快。这种妖怪一出现就会带来干旱，草木枯萎，池水干涸。抓住魃后，只要立刻将它扔进污浊的水里，它就会死掉。据说，这样可以防止干旱。

经常吐出红色舌头的赤舌

干旱时期，如果去偷别人田里的水，就会出现一种叫赤舌的妖怪。赤舌与河童很像，但头顶上没有碟子，而且身体是红色的，经常吐出红色的舌头。

1. 在日语中，就用“干魃”一词表示干旱的意思。

从前某一年，青森县发生严重干旱，河流下游的村子缺水，没办法灌溉田地，就请求上游的村子分一些水，但上游的村子不肯。下游村子的村民们只得虔诚地求雨。有一天，水突然源源不断地流到了下游的村子。上游的村子本来关闭了水闸，但不知道什么时候被打开了。据说，这正是赤舌所为。

茨城县的深山里，住着名为日和坊的干旱之神。据说，雨天和阴天它都不会出来，但一到晴天就会现身。

《今昔画图续百鬼·魃》
鸟山石燕
日本东北大学附属图书馆藏

《今昔画图续百鬼·日和坊》
鸟山石燕
日本东北大学附属图书馆藏

《化物尽绘卷·赤舌》

北斋季亲

国际日本文化研究中心藏

镰鼬 かまいたち

这种妖怪会突然给人留下被镰刀砍伤似的伤口

既不出血，也不疼痛的伤口

在路上行走，有时会突然刮起一阵旋风，然后身上出现像被镰刀砍伤似的伤口。其特别之处在于，伤口既不出血，也不疼痛。

对于这个现象，有很多不同的解释，有人认为是怪兽所为，有人认为是刮旋风时触碰到空气中的真空部分而引起的，有人认为是无处可去、四处游荡的恶灵——镰鼬所为。据说，种现象在新潟县、长野县、秋田县很普遍，但不会发生在武士和远道而来的旅客身上。

在长野县，如果用脚踩日历，镰鼬就会和旋风一起出现，砍伤人并吮吸鲜血。在新潟县的弥彦山与国上山之间的黑坂一带，如果人被绊倒，就一定会遭到镰鼬的袭击。

在岐阜县的山村里，据说有三个结伴行动的神，他们经常做这样的事：第一个神，先把人放倒；第二个神，接着用利器将人砍伤；第三个神，再给伤者敷药，然后扬长而去。

镰鼬又被称为野镰

在高知县，镰鼬又被称为“野镰”。北部山区有这样的习俗：新建坟

墓时，要在坟墓上摆一把镰刀。这些镰刀之魂，有时会聚集在一起游行，如果不巧遇上它们了，就会被砍伤。据说，这是野镰所为。在南部海岸，有时会突然刮起一阵暴风，使人短暂昏迷。随后人清醒过来，会发现衣服与绑腿之间的身体部位受了伤，深可及骨，但既不出血，也不疼痛。据说，只要把烧旧日历的黑色灰烬撒到伤口上，伤口就会很快愈合。

《画图百鬼夜行·穷奇（镰鼬）》
鸟山石燕
川崎市市民美术馆藏

见越入道 みこしにゅうどう

仰望这个光头巨人，它会变得越来越大

抢先对这个光头巨人说话，它就会消失

见越入道这种妖怪，虽然起初很小，但只要你看它，它就会变得越来越大。日本各地对它的称谓不一样，在爱媛县叫“伸上”，在新潟县叫“见上入道”，在爱知县叫“见越入道”或“入道坊主”，在广岛县、山口县叫“次第高”……

柳田国男在《远野物语》里记载的乘越入道，也是类似的妖怪。乘越入道像一团影子，刚出现时，是个小小的光头和尚。但当人们想仔细看时，它就会立刻变成比屋顶还要大的怪物。这时候，只要不抬头看它，而是一直朝下看，它就会逐渐变小并消失。

在爱知县，传说有这样的妖怪：起初是个不到一米高的小和尚，但渐渐会变成三米高以上的光头巨人。看见它时，要抢先说：“我看见你了哟。”这样才能幸免于难。相反，如果被妖怪抢先开口，人就必死无疑。

新潟县佐渡地区把这种妖怪称为见上入道。它迅速变大时，如果继续抬头看它，人就会仰面跌倒。所以，发现它时，要立刻说一句“我看出你是见上入道啦”，随即向前趴下。这样，妖怪就会消失。

《头尽画帖·入道》
河锅晓斋
河锅晓斋纪念美术馆藏

在长崎县的壹岐地区，人们走夜路有时会听到头上传来竹枝摇曳的声响。如果不管它，顾自走过去，就会被倒下来的竹子压死。这也是见越入道搞的鬼。这种时候，如果立刻说一句“我看出你是见越入道啦”，就能幸免于难，妖怪会自动消失。

光头巨人的本来面目是什么?

在福岛县，人们把这种妖怪称为入道坊主，认为其本来面目是鼬。另外，据说入道坊主有时会突然站到人的肩膀上。

这时候，如果仰望它，它就会变得越来越高。然后，趁人抬头看时，它会突然咬住人的咽喉。所以，不能抬头看它。据说，只要把手轻轻地举到肩膀上，抓住它的脚，然后把它狠狠地摔到地上，就能击退妖怪。

在爱媛县的北宇和地区，人们认为这种妖怪是獭变成的。据说，只要在离地三十厘米的地方蹬步行走，或是移开视线不看它，它就会消失。

《百怪图卷·见越入道》
佐胁嵩之
福冈市博物馆藏

《妖怪着到牒·尼入道》
北尾政美
东京都立中央图书馆特别文库室藏

《妖怪着到牒·见越入道》 北尾政美
东京都立中央图书馆特别文库室藏
妖怪们的首领——见越入道

《画图百鬼夜行·高女》 鸟山石燕
川崎市市民美术馆藏
高女这种妖怪也能像见越入道一样突然变高

《画图百鬼夜行·见越》 鸟山石燕
川崎市市民美术馆藏

《新形三十六怪撰·三目入道》

月冈芳年

静冈县立中央图书馆藏

片轮车·轮入道·胧车

かたわぐるま・わにゅうどう・おぼろぐるま

到处奔走并故意吓人的车轮妖怪

会拐走孩子的片轮车

片轮车这种妖怪是独轮车，在火焰的包裹下向前行驶，车里坐着一个女人。收录了江户时代各地怪谈的《诸国里人谈》里，记载了以下这个故事。

滋贺县的某个村子，每天晚上都有车子经过，发出咕噜咕噜的声响。据说，遇到这辆车子的人会晕倒。所以，一到晚上，每个人都躲在家里，不敢朝外面看。可是，偏偏有一个好事的女人，有天晚上听到车声渐近时，透过门缝向外面张望，只见一辆被火焰包裹的独轮车行驶过来，车上坐着一个美女。车子走后，女人回到房间，发现刚才还在睡觉的孩子不见了。她悲痛欲绝地在纸上写了一首短歌：“我儿无辜我有罪，但愿小车，莫藏

《百鬼夜行绘卷·胧车》

京都市立艺术大学艺术资料馆藏

小儿。”然后，将其贴到门外。第二天晚上，那辆独轮车又来了。车中女人说道：“你真是个善良的母亲啊。既然如此，那我就把孩子还给你吧。”说完，她就把孩子扔进了屋里。长野县也流传着类似的故事。

轮入道和胧车

火焰包裹的独轮车的车轴上，有一个满脸胡子的大脑袋，这就是“轮入道”。车子在街道上到处跑，看见它的人会被夺去灵魂。

所谓“胧车”，是指在朦胧月色中经过京都贺茂大街的牛车妖怪：夜晚，嘎吱作响行驶的车子上浮现出一张表情狰狞的巨大的人脸。

这个妖怪很可能是源自平安时代《源氏物语》里描写的情节：六条妃子在观看祭祀活动时，与葵上争夺车位，落了下风，其怨恨之情积聚渐深，结果变成了妖怪。

《今昔画图续百鬼·轮入道》
鸟山石燕
日本东北大学附属图书馆藏

《妖怪着到牒·车巡》北尾政美
东京都立中央图书馆特别文库室藏
女人脑袋变成车轮，口中吐出火焰

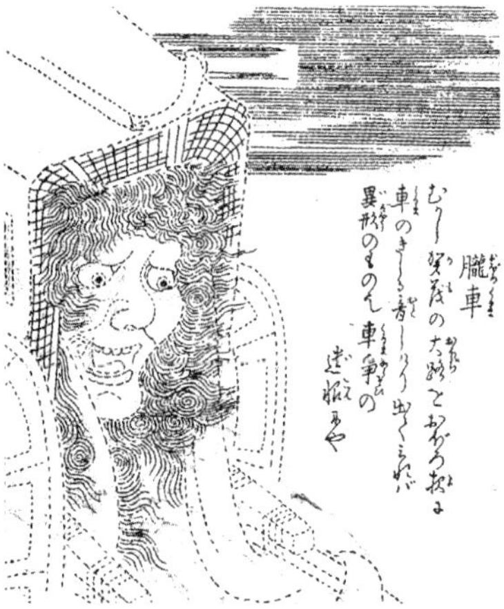

《今昔百鬼拾遗·胧车》鸟山石燕
日本国立国会图书馆藏

《今昔画图续百鬼·片轮车》
鸟山石燕
日本东北大学附属图书馆藏

涂壁·野衾 ぬりかべ·のぶすま

在夜晚阻挡行人去路的大墙壁

阻挡去路的大墙壁

据说，在福冈县北部的海湾地区，有时人在夜间行走前方会突然出现一堵墙壁，阻挡住去路。这种妖怪叫作涂壁，十分可怕。不过，只要用棍棒横扫其下方，墙壁就会消失。

在长崎县的壹岐地区，也有类似的妖怪，叫作“涂坊”。

在高知县，有一种名为野衾的妖怪，会像门或隔扇一样挡住人的去路，而且没有尽头，无论人们用刀砍，还是朝它开枪，它都不会消失。如果在路上遇到这种妖怪，不必慌张，只要坐下来抽一根烟，妖怪很快就会消失不见。

《今昔画图续百鬼·野衾》鸟山石燕
日本东北大学附属图书馆藏

《绘本百物语·野铁炮》竹原春泉
川崎市市民美术馆藏

《木曾街道六十九次之内·四十八·武佐·宫本无三四·野衾》
歌川国芳
东京都立中央图书馆特别文库室藏

飞过来蒙住人脸的妖怪

半夜里，一大张像包袱布的东西飞过来，蒙住人的头部，无论用什么利器都无法割断。这也是一种妖怪，新潟县佐渡地区的人把它叫作衾。不过，据说染黑的牙齿能咬断它，轻轻松松将其击退。因此，在佐渡地区，为了提防衾这种妖怪，男人有染黑牙齿的风俗。

在东京都，叫野衾的是另一种妖怪，外形像鼯鼠或蝙蝠，经常飞过来蒙住人的眼睛和嘴巴。

蒙住人眼睛、嘴巴的野铁炮

还有一种妖怪叫作野铁炮。据说，这种妖怪会朝路上行人的脸吹气。人被吹气之后，眼睛和嘴巴就会被遮挡住，无法行走。

另一种说法是这样的：栖息在北国深山里的怪兽，一看见人，就会吐出形似蝙蝠的怪物，遮挡人的眼睛和嘴巴，使其无法呼吸，然后把人捉来吃掉。

《化物尽绘卷·野衾》
北斋季亲
国际日本文化研究中心藏

野篦坊 ずんべらぼう

脸上没有眼睛、鼻子、嘴巴，经常出来恐吓人

突然出现，没有眼睛、鼻子、嘴巴的妖怪

野篦坊这种妖怪，脸上没有眼睛、鼻子、嘴巴。

从前，在青森县弘前地区，有个名叫与兵卫的男人。有一天，他去邻村朋友家里喝酒，晚上回家，一路上都快活地唱着歌。突然，他听到对面有人一边唱歌一边走过来，那歌声比自己的更响亮。于是，他问了一句："你是谁？"紧接着，对方也回了一句："你是谁？"然后，突然出现在他眼前。

一看那张脸，才知道是野篦坊！与兵卫吓坏了，一溜烟跑回了朋友家里。他说："我刚才碰到野篦坊了。"朋友说："很可怕吧，那张脸是不是这样的？"说着，就把脸凑上来。与兵卫一看，竟然就是刚才的野篦坊！他"啊"地惊叫一声，然后就一命呜呼了。

脸上只有嘴巴的齿黑女

有一种女野篦坊，脸上只有嘴巴。傍晚，暮色渐沉，这种妖怪就会穿上美丽的和服或新娘礼服现身，用袖子遮住脸。有人向她打招呼时，她就回过头，露出脸——脸上没有眼睛、鼻子，只有一张嘴巴，龇牙咧嘴地笑着。而且，牙齿是染黑的。

《绘本百物语·齿黑女》
竹原春泉
川崎市市民美术馆藏

《画图百鬼夜行·野篦坊》
鸟山石燕
川崎市市民美术馆藏

染黑牙齿是古代日本已婚女人要遵循的风俗习惯。然而，一张白皙的脸，没有眼睛、鼻子，只有两排黑色的牙齿，还狞笑着，这实在是太可怕了。人看到这张脸，顿时会被吓得晕倒过去。这种妖怪也被称为“齿黑女”。

《百怪图卷·野箆坊》
佐胁嵩之
福冈市博物馆藏

立繰返

たてくりかえし

从山路上滚下来，没有眼睛、鼻子和四肢的奇妙胴体

没有眼睛、鼻子和四肢，会捕食人

夜晚人在路上行走，有时会突然遇到“咔嗒咔嗒”滚过来的横槌状的妖怪。横槌，是一种带柄的圆筒状木槌，人们可以用圆筒侧面来打稻草。这种工具在新潟县被称为“立缲”，在冈山县被称为“转槌”。横槌状的妖怪滚过来，会将人撞倒，所以这种妖怪被称为立缲返、土转等。

立缲返不能突然改变方向，所以，看见它滚过来，可以先站着不动，等到它快撞上来时再闪身躲开。

有一种叫野槌的妖怪，与此类似。平安时代的古书中记载，野槌只栖息于深山里，形体硕大，没有眼睛、鼻子和四肢，只有嘴巴，会捕食人。

山野之神——野槌

如上所述，人们将立缲返和野槌视为妖怪，但是，也有人认为它们可能就是槌子蛇。槌子蛇是一种人们想象中的蛇，现在还时常有人说发现了槌子蛇，从而引起骚动。不过，一般观点认为，野槌只是单纯表示山野之灵（山野之神），正如蛟龙是水中之灵一样。[1]

1. 在日语中，“野槌”与“野之灵”同音，“蛟”与“水之灵”同音。

《今昔画图续百鬼·野槌》
鸟山石燕
日本东北大学附属图书馆藏

钓瓶落 つるべおろし

突然从树上降落下来的妖怪

吃饱了就暂时不出来

人们从大树下经过，有时钓瓶落这种妖怪会突然从树上降落下来。从前，人们会用拨钓瓶[1]这种装置来打井水——在柱子上架一根横木，横木一端挂上吊桶，另一端绑一块石头，这样就可以利用石头的重量打水。钓瓶落这种妖怪，很像突然从上面降落下来的钓瓶（吊桶），因此而得名。近畿、四国、九州等地区流传着很多关于钓瓶落的传说。

据说，钓瓶落在以前的丹波一带（今京都府）尤其常见。某个村子里，有一棵很老的大榧子树，每到夜里，就有妖怪一边说着“晚上的活干完了吗？我要放钓瓶喽，嘿嘿”，一边从树上降落下来。大家听了这个传说，都不敢从那棵树下经过。

在另一个村子里，钓瓶落则出现在田里一棵名为与力松的松树上。每到傍晚，就有个脑袋从松树上降落下来，把经过的行人拉到树上吃掉，然后把吃剩的人头扔下来。最多的时候，它会扔五六颗人头下来。钓瓶落吃饱了就暂时不会出来，等到肚子饿时才会再出来吃人。

1. 在日语中，“钓瓶”表示吊桶的意思。

还有一个村子，有一座叫小寺的寺院，寺院里有一棵大松树，缠绕在树上的常春藤长长地垂下来，看上去颇为可怕。据说，这棵松树上也有钓瓶落，村民们深感畏惧。

放烧水壶下来的药缶钓

在京都府，每逢雨夜，大树上就会有火球降落下来，即所谓“钓瓶火”。在高知县，阴森森的道路上会出现“茶袋下”这种妖怪，遇到的人会患病。

在长野县，“药缶钓”这种妖怪，放下来的不是钓瓶，而是药缶（烧水壶）。不过，据说这种妖怪不怎么害人。

《画图百鬼夜行·钓瓶火》
鸟山石燕
川崎市市民美术馆藏

蓑火 みのひ

出现在村子里的神秘之火

黏附在衣服上的蓑火

夜晚在墓地附近，有时能看见青白色的火球在空中飘荡，人们把这称为人魂或鬼火。另外，天狗和狐狸也会带来神秘之火，即所谓“天狗火”“狐火”“狐狸灯笼”等。

据说，在小雨淅沥的夜晚，会突然出现神秘之火，黏附在人们穿的蓑衣上。这就是“蓑火”。虽然是火，但并不烫。可是，如果想掸掉它，火势会越来越旺，将全身包裹住。新潟县的信浓川流域经常出现蓑火。不过，多人结伴同行的话，蓑火只会黏附在一个人身上，其他人身上没有。据说，这是“鼬”搞的鬼。

福井县流传着这样的传说：下雨的夜晚，人在路上行走，斗笠的边缘会有大颗水滴垂下来。如果用手擦掉它，它就会变成火似的在另一处垂下来，而且越来越多，让人头昏眼花。这种火，被称为“蓑虫火”。据说，木匠和石匠身上是不会附上这种火的。

在秋田县的仙北郡地区，黏附在蓑衣或斗笠上的不是火，而是会发光的物体。在寒冷而晴朗的日子里，蓑衣或斗笠上会黏附闪闪发光的物体，无论怎么拍打都拍不掉。

《绘本百物语・老人之火》
竹原春泉
川崎市市民美术馆藏

在长野县和静冈县的交界处，还会出现“老人之火”，下雨天较为多见。“老人之火”不会害人，但无论人怎么惊慌逃跑，它会一直黏附在人身上。据说，遇见“老人之火”时，把鞋子放到头上就能化解。

锴锴火·天火 じゃんじゃんび·てんか

冤魂变成火，到处飞舞

拖着长尾巴的冤魂的蓝色火球

奈良的法华寺附近有一棵古老的檀香树，南边的佐保川的高桥堤上也有一棵檀香树。传说，这两棵树会互相喷出“锴锴火”[1]，激烈交战。这火变成拖着长尾巴的蓝色火球，时常在下雨天出现。仔细看，火球里还会浮现出一张男人的脸。据说，这是奈良时代一个贵族含恨而死化成的冤魂。看见这火的人会有灾祸降临，甚至发高烧死去。

对着古城遗址叫喊，就会有火球飞过来

据说，在奈良县橿原市的十市城，还残留着从前十市氏被消灭时的怨恨。如果对着古城遗址“喂喂”地叫喊，就会有火球从古城飞过来，发出“锴锴”的声音，然后消失。看见这火球的人，接下来的两三天会发高烧，神志迷糊。这种火球，被称为“锴锴火”或“喂喂火”。

1. 锴锴火：火到处飞舞的时候会发出“锴锴”的声音，因此而得名。

引发疾病或火灾的天火

在九州地区的熊本县、佐贺县、长崎县等地，把这样的神秘之火称为“天火”。“天火”如灯笼一般大小，飞舞时会发出“当啷当啷”的声响。据说，这火飞进屋里的话，会带来疾病。所以，人们会敲钲赶走它。这火如果落在屋顶上，则会引起火灾。

《绘本百物语·天火》
竹原春泉
川崎市市民美术馆藏

“天火”靠近时，只要一边念佛一边追赶它，它就会逃走。一直追到村头的话，“天火”就会躲到草丛后面。

日本全国各地都流传着许多关于神秘之火的传说。而这些神秘之火，其实都是含恨而死的人的冤魂，即“灵魂之火”。人们自古认为，人死后，一定会从身体里飘出“灵魂之火”；如果心怀怨恨而燃烧起来，火里就会浮现虚幻的景象。

夜行怪・无头马

やぎょうさん・くびなしうま

骑着无头马出现在夜晚

在夜行日这样的特殊日子里，夜行怪会骑着无头马在路上徘徊。

“夜行”，本意是指神在人们祭神的时候现身。而“夜行日”，本来是指为了特定的祭祀活动而洗净身体的日子，例如节分、除夕、庚申日等；后来则专指各种妖怪现身的日子，又叫“百鬼夜行日”。每个月有各自固定的夜行日，例如正月和二月的子日、三月和四月的午日等。

在德岛县，节分当晚夜行怪会以长须独眼之鬼的形象出现。人们聊起晚饭的菜肴时，一只毛茸茸的手突然伸过来，这就是夜行怪。在其他夜行日，夜行怪会骑着无头马四处游荡，遇到人，就会把对方甩出去或踢死。如果在路上遇到这妖怪，把脚下穿的草鞋放到头顶，或者趴在地上，这样就能化解。

在福井县、长崎县等地，也有夜行怪骑着无头马现身。另外，有的地方只有马头出现，被称为“斩首马”。

泥田坊 どろたぼう

叫喊着“把田还给我！”的独眼妖怪

北国地区，有个老人，无论寒暑每天都拼命干活。后来，他把田地留给了子孙。然而，老人死后，子孙整天喝酒，根本不干活；最后，还把田卖了。那个老人知道后，变成了黑黝黝的独眼妖怪，每天晚上出来，叫喊着“把田还给我！”。这个妖怪就是泥田坊。

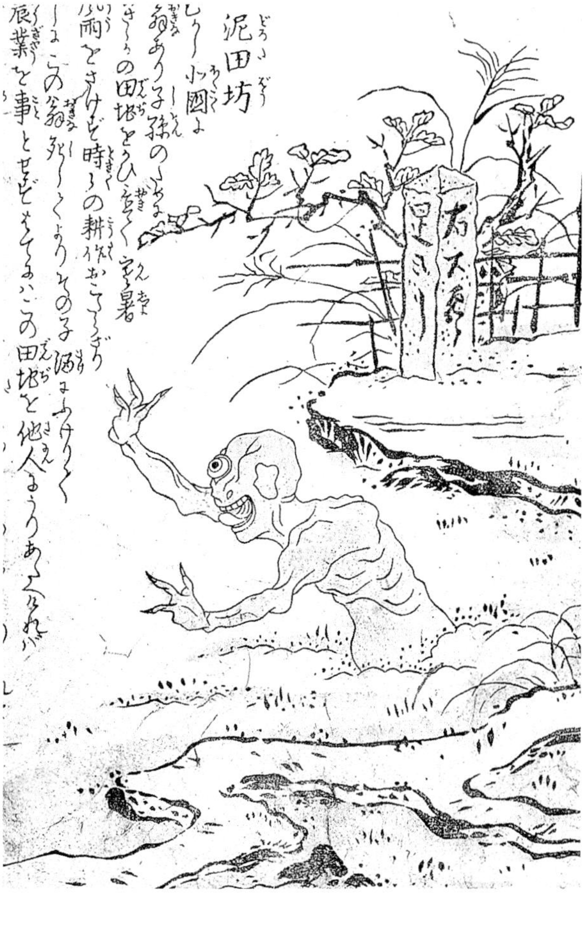

《今昔百鬼拾遗·泥田坊》
鸟山石燕
川崎市市民美术馆藏

吧嗒吧嗒·吧嗒吧嗒先生

ばたばた・べとべとさん

但闻其声，不见其影

半夜，从屋顶上、院子前或村头传来敲打榻榻米的声音，这种妖怪被称为吧嗒吧嗒。它只在冬天夜里出来，尤其是刮西北风的夜晚。据说，曾经有人循声走近，想看清其真面目。但那声音逐渐远去，根本无法接近。

广岛县的广岛城下，也能听到这种声音。广岛城附近有一块石头，人们称之为“吧嗒吧嗒石”。据说，触碰到这块石头的人，脸上就会长出青斑。有个老人把这块石头带回了家，脸上长出了青斑，而且青斑越来越大。老人把这块石头放回原处，青斑很快就消失了。

如今，有时夜间走在寂静的路上，人们会觉得身后似乎有脚步声尾随。奈良县的人把这声音称为“吧嗒吧嗒先生”。据说，听到身后传来这声音时，只要往路边让一下，说一句“吧嗒吧嗒先生，请您先走”，脚步声就会消失。

朱盘 しゅのばん

脸色通红、大圆盘状的妖怪

朱盘是一种朱漆大圆盘状的妖怪。福岛县流传着这样的传说：某日傍晚，一个年轻武士从诹访神社前路过，看见另一个年轻武士，就向他询问。对方回答：“你问的是不是这样的人？”话音刚落，他就变成了眼睛如圆盘、额头上长角、脸色通红的妖怪。

朱盘这种妖怪也在新潟县出没，据说是脸色通红的光头形象。从前，有小偷正在偷挖大财主埋藏的财宝，这个妖怪突然出现，结果小偷就没有偷成。朱盘的“盘”，是大碟子的意思。

算盘坊主 そろばんぼうず

打算盘的声音的真面目

京都府龟冈市的西光寺旁边，有一棵榧子树。深夜路过那里，会看见一个和尚在树下“噼里啪啦”地打算盘，这妖怪被称为算盘坊主。

有人认为那是狸子变的，但还有一种说法：从前，西光寺里的小和尚，因为算错数，被老和尚痛骂后，在这棵树上吊自尽了。然后，其怨恨化作了妖怪。

一反木绵 いったんもめん

在空中飞行并卷住行人脖子的白布

一反[1]木绵是这样一种妖怪：一条十余米长的在空中飞行的白布，会卷住行人的脖子或蒙住行人的脸，使其窒息。据说，它经常在夜晚出没。

从前，在鹿儿岛县的大隅地区，有个男人急匆匆地赶夜路。突然，黑暗中飘飘扬扬落下一条白布，卷住他的脖子。他大吃一惊，立刻拔刀割断那条白布。白布消失了，但他手上沾满了飞溅的血迹。

袖引小僧 そでひきこぞう

是谁在拉扯和服袖子？

袖引小僧是经常在埼玉县出现的妖怪。傍晚人们在路上行走时，有时会感觉后面有人在拉扯自己和服的袖子，回头去看，却不见人影。以为是错觉，继续往前走，但袖子又被拉住了。据说，这是袖引小僧所为。不过，除了拉扯袖子，袖引小僧不会干别的坏事。

1. “反”是日本的布匹长度单位，“一反”约等于 10.6 米。

手目坊主 てめぼうず

手上长眼睛的和尚的复仇心

手目坊主是这样一种妖怪：一个老人，会从荒地草丛后跳出来追赶路人，他脸上的眼睛、鼻子不甚分明，手心却赫然长着眼睛。据说，手目坊主有这样的来历：从前，有个盲眼和尚，被盗贼抢走所有钱财，还被杀死，其冤魂不散，变成了妖怪。

在强烈的复仇心的驱使下，他手心长出了眼睛，每到月夜就会现身。

《百鬼夜行·手之目》
鸟山石燕
早稻田大学图书馆藏

雨女 あめおんな

出现在下雨天

《今昔百鬼拾遗·雨女》
鸟山石燕
日本国立国会图书馆藏

下雨天，昏暗不明，常常给人一种阴沉忧郁的感觉。这种天气似乎比较适合妖怪出场。

据说，长野县下伊那地区，一到下雨天就会出现雨女。人们认为，雨女和雪女一样，本来是下雨天来访的神，但后来没落，就变成了妖怪。

雷兽 らいじゅう

和雷电一起降落下来，样子如野兽的怪物

刚才还晴空万里，突然天色暗下来，电闪雷鸣，这对古时候的人来说是非常可怕的。人们认为，雷表示“神鸣”之意[1]，是云端上的雷神引起的。和雷神一起降落下来，样子如野兽的妖怪，就是雷兽。据说，雷兽会造成人畜死伤，树木劈裂。

在新潟县，人们这样描述雷兽：有两只前脚、四只后脚，脚趾间有蹼；嘴巴像鸟喙一样，是深褐色的；尾巴长约二十厘米，也是深褐色的。

在长野县，则流传着这样的说法：晴朗的日子，雷兽一整天都在睡觉；而当雷云涌起、覆盖群山时，雷兽就会沿着雷云往上爬，在云间到处穿行，然后和雷电一起降落下来。降落下来的雷兽，大小和猫差不多，毛是灰色的。

《绘本百物语·雷电》
竹原春泉
川崎市市民美术馆藏

1. 在日语中，“雷”和“神鸣”这两个词语发音相同。

雨降小僧 あめふりこぞう

头戴伞笠的雨神仆童

雨降小僧，被认为是司雨之神“雨师”的仆童。每逢下雨天，雨降小僧就会头戴伞笠、手提灯笼出现。

《今昔画图续百鬼·雨降小僧》

乌山石燕

日本东北大学附属图书馆藏

《妖怪着到牒·豆腐小僧》

北尾政美

东京都立中央图书馆特别文库室藏

江户时代的怪谈集或带有插画的娱乐小说里，出现了形象酷似雨降小僧的侍女，这就是豆腐小僧

小雨坊 こさめぼう

在修验道圣地乞讨

小雨淅沥的夜晚，小雨坊会在奈良县的大峰山或葛城山到处徘徊，沿路乞讨。

《今昔百鬼拾遗·小雨坊》
鸟山石燕
日本国立国会图书馆藏

四 宅院里的妖怪

人们自古以来就相信，房子建好时，会有新的灵魂寄居其中。建筑物变旧时，里面的灵魂也会随之成长，寄居着冤魂的宅院还会变成凶宅。豪族世家的宅院里有“座敷童子”，浴室里有“垢尝”，旧衣服里有“小袖之手”……可爱的猫和小小的鼠，都有可能变成可怕的妖怪。人们每天使用的工具也寄居着灵魂，一旦将其扔掉，它们就会变成妖怪来恐吓我们。

妖怪会在什么时候出现呢？

岩井宏实

和季节、日子无关，妖怪随时都有可能出现。不过，妖怪最常出现在秋天或冬天这种阳光较弱、景色凄清的季节。

另外，自古以来，人们就认为妖怪经常在某些日子出现，这些日子就是“百鬼夜行日”。具体而言，它们是正月和二月的子日，三月和四月的午日，五月和六月的巳日，七月和八月的戌日，九月和十月的未日，十一月和十二月的辰日。这些日子是古时候日期的表示方法，是按十二生肖的顺序排列的。

另外，有的地区出现某种特定妖怪的日子是固定的。例如，在北九州地区，山姥经常在十二月十三日、二十日出现，这两天也被称为“山姥洗濯日”。据说，山姥洗濯日肯定会下雨，因而人们不会洗衣服。

十二月十三日被称为“事始之日”，是开始为正月做准备的重要日子。另外，在奈良县，十二月二十日被认为是一目小僧、一本踏鞴现身的日子，同时还是鬼自由活动的日子。

而以伊豆半岛为中心的关东地区，则认为旧历二月八日、十二月八日才是一目小僧现身的日子。二月八日，山神下山来到村子里，变成田神；十二月八日，又返回山里，变回山神。人们把这两天称为“事八日”。在长野县，旧历二月二十五日被称为“一目之日”，据说，这一天上山能遇见一目小僧。

一目小僧、一本踏鞴，之所以是独眼或独脚的形象，是为了让山神现身于人间时与人区别开来。

《百鬼夜行绘卷》
日本国立国会图书馆藏
天快亮时，妖怪们仓皇逃跑

可见，妖怪现身的日子，其实从某种意义上可以说是祭神的日子。在这些日子里，人们暂停劳作，躲在家里安静地度过，长此以往，逐渐形成了这样的风俗习惯。

一天之中，妖怪最常出现的时间是傍晚或凌晨。这个时间是白天与黑夜的分界线，也是太阳照耀的光明世界与黑暗世界的转换时间。如果完全黑暗，人类看不见妖怪的样子，自然就不会感到害怕；但如果一片光明，又会缺少神秘性，也很难让人产生恐惧感。因此，妖怪特意选择在天光朦胧的时间点出来。

化猫 ねこばけ

尾巴一分为二，拥有魔力的老猫

猫是有魔性的动物

猫与狗一样，都是家里最常饲养的宠物。狗比较好动，喜欢跑跳，表情也很开朗；猫则相对比较文静，表情带点神秘感。因此，自古以来，人们就认为猫会作怪或给人带来灾祸。日语里有个惯用语“猫をかぶる”，表示的是“隐藏本性、装老实”。

猫是会骗人的魔性之物，因而关于猫的传说有很多，例如：猫会偷走人的尸体并藏起来；猫从棺材上跳跃过去，棺材里的死人就会开始迈步行走；制造火枪子弹时，不能让猫看见……

尾巴一分为二的猫股

据说，年老的猫会变成猫股（或写成“猫又”）。猫股的尾巴一分为二，经常变身作怪，加害于人。镰仓时代，吉田兼好在随笔集《徒然草》里记载：“深山里有猫股，会吃人。”

由此可见，养猫的话，应该从一开始就设定饲养期限，比如说两年、三年。养太久的话，老猫就有可能变成妖怪。设定饲养期限后，时间一到，猫就会自己离家出走。如果不是被杀死，猫是不会让人看到自己死去的模样的。

《古寺里的猫怪物》
歌川国辉
静冈县立中央图书馆藏

香川县流传着这种说法：在小豆饭和鱼肉上面盖上红色手巾，并说一句“放你走啦”，猫就会自行离去。

还有人说，为了不让老猫变成猫股，应该趁猫还小的时候把尾巴切掉。

从前，新潟县的一位武士家里发生了许多怪事：每天晚上都有火球飞来飞去，然后落在院子里的朴树上面；人睡着后，枕头会自己颠倒过来；纺车会自己转动起来……

有一天，主人看见朴树上有一只很大的猫，它头顶披着红手巾，用尾巴和后脚灵巧地站立着，环视四周。主人想弄清楚这只猫的真面目，就朝它射了一箭。箭射中了猫的身体。猫咬断刺进身体的箭，然后死了。主人仔细一看，发现这是一只尾巴一分为二的大猫。

《百怪图卷·猫股》
佐胁嵩之
福冈市博物馆藏

猫骚动

另一方面，也有很多故事是讲人借助猫的魔力进行报仇的。例如，“化猫”曾经在江户时代大名家的“内乱事件”中大显身手。歌舞伎的剧目中，也有关于“猫骚动”的内容，冈崎、锅岛、有马这三大家族的“猫骚动”被称为“三大猫骚动”。

讲谈里，“有马家的猫骚动”的故事梗概如下。

久留米藩[1]的老爷有马赖丰，从松平家迎娶夫人。跟随夫人一起过来

1. 久留米藩：今福冈县久留米市。

的侍女阿卷，深得老爷喜爱。其他侍女十分忌妒，于是经常欺负阿卷，逼得她自杀身亡。阿卷的仆人阿仲为了报仇，偷偷潜入了侍女长（欺负阿卷的主要人物）的房间里，但被发现了。在这紧急关头，阿卷生前疼爱的猫出来相助，一口咬住侍女长的喉咙，将其咬死。这只猫后来假扮成有马家的家臣山村典膳的母亲，但被识破了，最终被相扑力士小野川喜三郎制伏。

向主人报恩

猫会作怪害人，但也会帮助主人，以报饲养之恩。

从前，有个财主因为意外变故而变得一贫如洗。他家里长年养着一只猫，即使自己吃不上饭，也不忘每顿喂猫。一天晚上，猫吃过晚饭后就不见了。第二天一早，主人醒来，发现枕边放着很多钱。接下来，一连很多天都是如此。主人觉得奇怪，心想："肯定是猫干的好事。"于是，偷偷跟在猫后面，想看个究竟。原来，猫在河滩上捞了些水藻披在头上，装扮成盲人在街角乞讨，然后把得到的钱送给主人。这个故事在静冈县流传甚广。

《江户的花名胜会·九番组·市之川市藏／巢鸭冰川下猫又桥／冰川下》歌川丰国
日本国立国会图书馆藏

《书画五十三驿·骏河冈部猫寺之怪》歌川芳虎
日本国立国会图书馆藏

《画图百鬼夜行·猫股》
鸟山石燕
川崎市市民美术馆藏

另外，还有这样一个传说。从前，某地有座寺院，因檀家[1]太少而贫困不堪。因为食物匮乏，和尚把饲养多年的猫叫到跟前，说道：“我没有什么可以吃的东西喂你了，你还是去有钱人家里过幸福日子吧。”猫回答：“我一直以来受您照顾，现在怎么能一走了之？其实，我会神通法术，请让我来报答您吧。有个大财主，他的母亲即将去世，到时在葬礼上，您就按我说的做吧。”

1．檀家：江户时代，每个日本人都隶属于一个佛寺，叫作檀家，登记在册。檀家是施主，寺庙像派出所一样管理户籍，在施主结婚、旅行、外出打工之际开具介绍信，证明此人不是邪教徒。

正如猫说的那样，没过几天，大财主的母亲就去世了。葬礼当天，乌云密布，安置遗体的棺材突然飞到空中，大家都不知所措。这时候，和尚就按照猫的指示念经祈祷，棺材降落下来，葬礼这才顺利完成。大家目睹了和尚的法力，都佩服得五体投地。从那之后，寺院也开始变得兴旺起来。

《百怪图卷·火车》
佐胁嵩之
福冈市博物馆藏
在葬礼或墓地抢夺尸体。
据说其真身就是猫股

《白须贺十右卫门与猫石之怪》

歌川国芳

静冈县立中央图书馆藏

猫石の怪 尾上菊五郎
白須賀の十右衛門 三桝源之助
一勇斎国芳画
極
泉市

鼠 ねずみ

能咬死猫的老鼠

拥有怪力的老鼠

老鼠是对人有害的动物，栖息在房屋棚顶的家鼠，会传播传染病；田鼠会破坏农田……但另一方面，正如“鼠算”[1]这个词所示，老鼠的繁殖能力很强，因此被认为是具有神秘力量的动物而受到重视。比如说，七福神之一的“大黑天”的使者就是老鼠。在很多祭祀活动中，老鼠还受到人们的祭拜。另外，自古就有《老鼠嫁女儿》《老鼠的净土》等民间传说，可见人们对老鼠抱有一种亲近感。

猫一见到老鼠，就会拼命追赶，将其捉住并吃掉。不过，那些活了很多年的“旧鼠”很不一般，甚至连猫也不是它们的对手。江户时代的《三州奇谈》里，记载了以下这个发生在富山县的传说。

在某个村子的村头墓地，人们发现很多只家养的猫被咬死了。据说，这是栖息在墓地的“旧鼠”所为。

村里有个名叫伊兵卫的年轻人，一天夜里经过这片墓地，突然听到石头崩塌的声响，同时有什么怪物迎面扑来。伊兵卫是个擅长相扑的大力士，他一把抓住那怪物的脖子，猛地摔出去。那怪物不放弃，一次又一次地扑

1. 鼠算：在日语中，这个词语表示数量急剧增加、呈几何级数增长。

《绘本百物语·旧鼠》 竹原春泉

川崎市市民美术馆藏

老鼠抚养失去猫妈妈的小猫

上来，撕咬他的肩膀和背部。伊兵卫毫不畏惧，使劲掐住那怪物的脖子，终于把它杀死了。第二天早上一看，原来是一只身长五十多厘米的硕鼠。

还有一个传说。名古屋市一带有一户人家，家里点亮的油灯每天晚上都会突然熄灭。经查实后发现，原来是老鼠偷吃灯油。于是，他们从邻居家借了许多只猫过来。到了晚上，点起油灯，老鼠出来了，猫一起扑上去。然而，结果是猫被咬死了。他们又调集来更厉害的猫，可结果还是一样。村里人这才信服：“‘穷鼠噬猫’[1]的谚语果然有道理！”

不过，在东北地区有这样的记载：可怕的老鼠竟然给失去猫妈妈的小猫喂奶。

化鼠和铁鼠

和狐狸、狸子一样，老鼠也会乔装骗人。

从前，有个人在京都买了一套旧房子住下来。一天晚上，有个穿戴整齐的人上门恳求：“我儿子要举行婚礼，可否借你这房子来用一晚？”主人同意了，把房子借给了他。这时，灯笼亮起来，许多轿子和车子鱼贯而入，很快聚集了两三百人，开始举行大型宴会。

突然，一阵大风吹来，灯笼全熄灭了。主人重新点亮灯笼时，却发现房子里空无一人。而且，借给那人使用的工具、器物全被损坏了。只有挂在壁龛上的画完好无损，上面画的是猫。据说，这件事是从前住在这套旧房子里的老鼠所为。

另外，《平家物语》里记载：名为铁鼠的妖怪，是滋贺县三井寺的僧人赖豪的灵魂变成的。

赖豪为白河院祈祷皇子诞生。祈祷很灵验，皇子顺利出生了。白河院本来答应过赖豪，只要皇子顺利出生，就可以给他任何奖赏。但是，白河院反悔了，不同意赖豪提出的“修建戒坛”的请求。戒坛，是为僧人受戒

---

1. 穷鼠噬猫：老鼠被逼入绝境时也会咬猫，类似于困兽犹斗、狗急跳墙的意思。

的场所。当时，只有比睿山延历寺等极少数地方才有戒坛。白河院之所以不同意给赖豪修建戒坛，是因为延历寺提出反对。赖豪非常愤怒，扬言说要带上皇子一起坠入魔道，自己绝食而死。

《新形三十六怪撰·三井寺赖豪阿阇梨恶念变鼠之图》
月冈芳年
静冈县立中央图书馆藏

赖豪死后，因怨恨难消，变成了铁鼠这种硕大的妖怪。然后，它率领八万四千只老鼠组成的大军闯入延历寺，咬坏了很多宝贵的佛像和经卷。无奈之下，延历寺的法师只得在比睿山的山脚下建造一所鼠祠，祭拜铁鼠。

《百鬼夜行·铁鼠》
鸟山石燕
早稻田大学图书馆藏

辘轳首 ろくろくび

伸长脖子在空中浮游

或伸长脖子，或身首分离

辘轳首是一种可以伸长并随意活动脖子的妖怪。大多数情况下，辘轳首是女人的形象。有时，也可以写成“飞头蛮”。其中，身首分离的妖怪叫作拔首。

晚上，辘轳首的身体躲在被窝里睡觉，只有脖子伸出来随意活动，但不会做什么坏事。平时看上去，辘轳首和普通女人没什么两样，很难分辨出来。有的地区流传着这样的说法：脖子上有圆圈的女人会变成辘轳首。

《辘轳首》 歌川丰国
静冈县立中央图书馆藏

江户时代的怪谈集《古今百物语评判》里记载了以下这个故事。从前，有一位“绝岸和尚”，某天在今熊本县一带的村子里寄宿。当晚刮大风，他辗转反侧睡不着，便开始念佛。

半夜里，女主人的脑袋忽然脱落下来，从窗口飞到外面去。脑袋经过的地方，可以看见一条白色的线。凌晨时分，那颗脑袋又飞回来了，微微一笑，然后钻进了被窝。天亮后，仔细一看，女主人的脖子上还缠绕着白线。

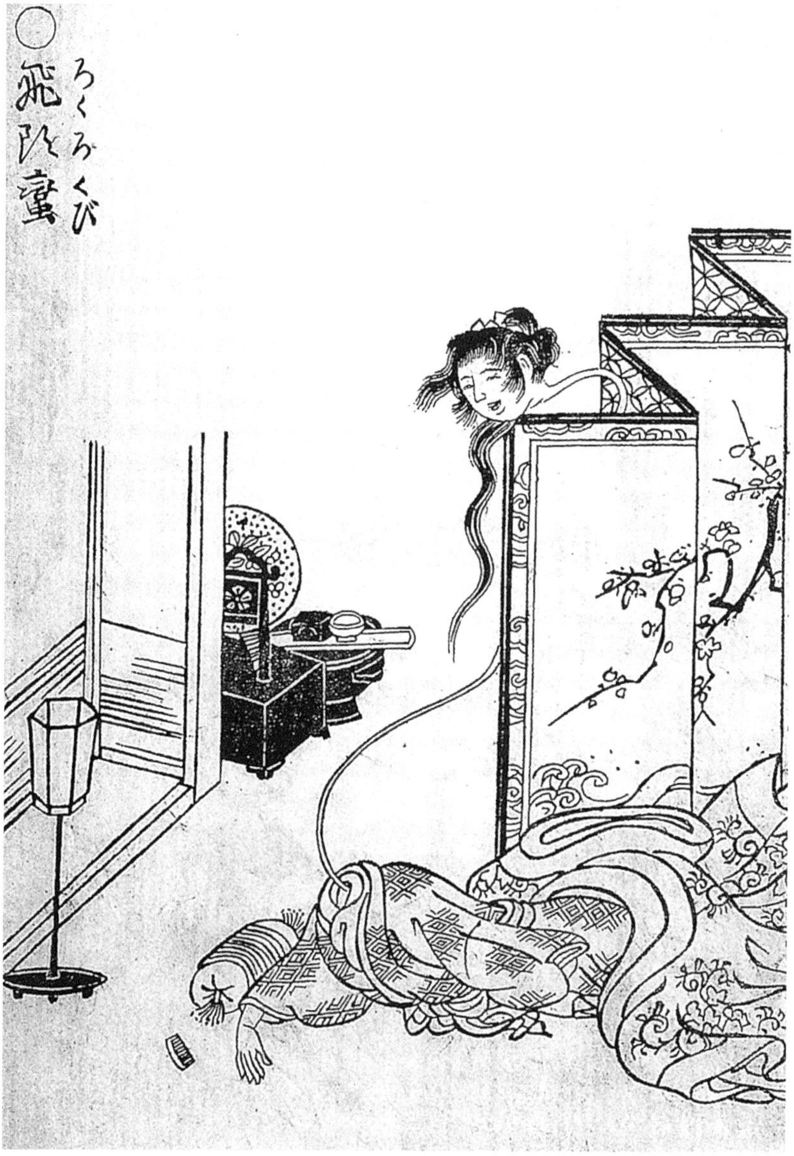

《画图百鬼夜行·飞头蛮》
鸟山石燕
川崎市市民美术馆藏

《百怪图卷·拔首》
佐胁嵩之
福冈市博物馆藏

《大昔化物双纸·辘轳首》
歌川丰国
日本国立国会图书馆藏

出现在《怪谈》里的辘轳首

小泉八云在《怪谈》里也记载了辘轳首的故事。有一位以英勇闻名的武士，他侍奉的主公家灭亡了，他便削发为僧，云游诸国。他走到山梨县一带时，天色已晚，只能在远离村落的偏僻深山里过夜。他正准备在草丛里睡觉时，有个樵夫走过来，热心地说可以带他回家住宿。他跟着樵夫来到一个小屋里，里面有四个男女正围着地炉烤火。

夜已深，他觉得有些口渴，想出去喝水。这时，他不经意间看到另一间房里睡着樵夫和那四个人。令人惊讶的是，那五个人全没有脑

袋！他走到外面一看，只见五颗脑袋飘浮在半空中，讨论着：“今晚来的和尚，肥胖有肉，吃掉他吧。”这时，辘轳首发现了他，一起过来围攻。武艺高强的他，把这几个辘轳首打败了。不过，樵夫的脑袋一直黏附在他的衣袖上，怎么也甩不掉。所以，他就只得这样带着这颗脑袋继续上路。

《绘本异国一览》
冈田玉山
早稻田大学图书馆藏
北美洲的妖怪『尸头蛮』之图。深夜时，尸头蛮伸长脖子，到处乱吃肮脏之物，然后又把身体缩回

读绘卷

稻生物怪录

稻生平太郎少年除妖记

《稻生物怪录绘卷》

堀田家本

（图片提供：三次市教育委员会）

①七月一日，独眼的大妖怪出现。此后的一整个月里，稻生平太郎被各种各样的妖怪骚扰

《稻生物怪录》讲述的是十六岁少年稻生平太郎在一个月里每晚和妖怪搏斗并将其击退的故事。

稻生平太郎是江户时代中期的备后国三次藩（现在的广岛县三次市）武士的儿子，后来取名为武太夫，历史上确有其人。关于他的事迹，收录于同僚柏正甫根据其口述所作的记录，以及国学者平田笃胤的著作《稻生物怪录》中。另外，武太夫自己也写过一本名为《三次实录物语》的书。根据此书创作的《稻生物怪录绘卷》流传甚广。到了近代以后，《稻生物怪录》还得到了许多文人或学者的高度评价。

稻生平太郎是个勇敢的少年。他与邻居三井权八比试胆量，半夜在墓地里讲鬼故事。传说中，讲完一百个怪谈故事时，真正的妖怪就会出现。结果果真如此——到七月份时，稻生家里每天不分昼夜地有妖怪出现。

①七月一日夜晚，平太郎的房间拉门变得很亮，仿佛着了火似的。平太郎想打开拉门，结果拉门却脱落了。这时，一只毛茸茸的大手伸进来抓住平太郎，想把他拖到院子去。仔细一看，有一只大眼睛正目露凶光。邻居权八已经被一目小僧紧紧捆住，仆人权平则一直昏迷不醒。

②七月三日夜晚，一个女人的脑袋倒立着从房间一角跳出来，头发像脚一样走路，并用湿漉漉的舌头舔平太郎的脸和脖子。平太郎不为所动地钻进了被窝里。

③七月六日夜晚，平太郎想去柴房时，却看见门口被一张老太婆的巨脸堵住了。平太郎不管它，想顾自往前走，却过不去，于是就拔出小刀刺在老太婆额头中间。但对方却似乎并不疼痛。第二天早上一看，那张巨脸已经消失了，只留下小刀仍然浮在空中。

④七月十日傍晚，妖怪乔装成相扑手贞八，上门来找平太郎。两人聊着聊着，贞八的头上突然开了个孔，婴儿接二连三地从孔里钻出来，在屋里到处乱爬，然后还扑向平太郎。平太郎想抓住它们，它们却一下消失不见了。

⑤七月十二日夜晚，一只大蟾蜍从壁橱里跳出来，爬到平太郎的胸口上。平太郎一把抓住蟾蜍身上缠绕着的绳索，继续睡觉。第二天早上一看，蟾蜍已经变成了葛藤衣箱。

《稻生物怪录绘卷》堀田家本

（图片提供：三次市教育委员会）

②七月三日，一个女人的脑袋倒立着出现，头发像脚一样到处走来走去

《稻生物怪录绘卷》
堀田家本
（图片提供：三次市教育委员会）
③七月六日，门口出现一个老太婆的大脑袋

《稻生物怪录绘卷》
堀田家本
（图片提供：三次市教育委员会）
④七月十日，妖怪乔装成相扑手贞八，头上突然接二连三地钻出婴儿，袭击平太郎

⑥七月十六日夜晚，出现了十多个穿在扦子上的白色秃脑袋。妖怪以扦子为脚，在房间里轻快地跳来跳去。平太郎饶有兴致地看着它们，仿佛在看田乐舞[1]似的。但后来渐渐觉得吵闹，就不管它们，顾自睡着了。

1. 田乐舞：一种起源于插秧农耕仪式的传统艺能。

《稻生物怪录绘卷》堀田家本（图片提供：三次市教育委员会）
⑤七月十二日，从壁橱里跳出一只大蟾蜍——其实是葛藤衣箱变的

⑦七月二十六日夜晚，一个女人的大脑袋出现了，在房间里飞来飞去，然后来到平太郎跟前，用脖子一端变成的手抚摸他。平太郎觉得很恶心，但还是置之不理，继续睡觉。不久，大脑袋就消失了。

⑧七月三十日傍晚，一个四十岁左右的武士形象的男人出现，但很快又消失了。其间，炉灰扬起，变成一个大脑袋，还放出平太郎最讨厌的蚯蚓来恐吓他。墙上还出现了一张脸，眼珠鼓起，咧着大嘴巴。但很快又都消失了。

《稻生物怪录绘卷》堀田家本（图片提供：三次市教育委员会）
⑥七月十六日，许多穿在扦子上的秃脑袋到处跳来跳去

先前那个男人再次出现。他知道自己无法打败平太郎，于是就一五一十地说明自己的来历："我是妖怪山本五郎左卫门。只要能骗到一百个刚满十六岁的人，我就能成为魔界首领。我努力修行，你是我要骗的第八十六个人，但没想到我会在你这里失败了。"说完就放下木槌，消失不见了。

《稻生物怪录绘卷》

堀田家本

（图片提供：三次市教育委员会）

⑦七月二十六日，一个女人的大脑袋在房间里飞来飞去，然后脖子一端变成手，抚摸平太郎

《稻生物怪录绘卷》

堀田家本

（图片提供：三次市教育委员会）

⑧七月三十日，炉灰扬起，变成一个大脑袋，还放出许多蚯蚓

⑨妖怪们都去哪里了呢？只见院子里挤满了各种妖怪，纷纷向平太郎鞠躬。平太郎回礼时，忽然感觉头脑昏沉。这时，山本五郎左门卫已经坐上轿子，可怕的妖怪们也沿着邻居家的屋顶排起长长的队列，走到云端消失了。（根据《三次实录物语》等读物，按照绘卷的画面重新改编。）

《稻生物怪录绘卷》

堀田家本

（图片提供：三次市教育委员会）

⑨七月三十日，众多妖怪用轿子抬着山本五郎左卫门，扬长而去

犬神 いぬがみ

附在人身上作祟的犬之亡灵

饿死的犬之亡灵

在各种灵魂之中，据说有的灵魂会附在人身上，给人带来灾祸。死人或活人的灵魂、动物或植物的灵魂会附在人身上，被称为“附体之邪魔”。犬神就是其中之一。

据说犬神的起源是这样的：用绳索将犬绑在柱子上，在离它很近但它又够不着的地方摆着食物，让它活活饿死，然后拿其脑袋来祭拜。这种妖怪的原形，是尾巴像鼬一样长、体形像老鼠一样的小动物，据说可以按照主人的意愿加害于别人。

《画图百鬼夜行·犬神》

鸟山石燕

川崎市市民美术馆藏

被犬神附体时

被犬神附体的人，会像犬一样吠叫和乱跳。

另外，据说犬神还会从人指尖的小孔出入，停留在人体弱的部位，引起原因不明的高烧。

《百怪图卷·犬神》
佐胁嵩之
福冈市博物馆藏

元兴寺 がごぜ

每晚袭击寺院里的敲钟童子的鬼怪

出现在寺院里的鬼怪

位于奈良市的元兴寺历史悠久，有很多相关的传说收集在《日本灵异记》等故事集里。

其中最有名的，就是关于栖息在寺院敲钟堂的鬼怪元兴寺的故事。

这个恶鬼每晚都会出来，咬死寺院里的敲钟童子。寺院里有个曾被雷神授予神力的童子，趁妖怪出现在敲钟堂时，一把抓住它的头发。妖怪撇下头发和头皮逃跑了。童子沿着血迹一路追寻而去，最后来到埋葬那些生前作恶之人的墓地。

这个童子后来出家得度，被称为“道场法师”，在故乡建了一座同样名为“元兴寺”的寺院。

表示“妖怪”之意的幼儿语

根据柳田国男的观点，和“飞鼠”（参见94页）这个词语类似，“元兴寺”在日本各地还有多种不同叫法，而且是可以用来表示“妖怪”之意的幼儿语。当孩子不听话的时候，大人就会恐吓说：“元兴寺会来抓你的哦。”或是龇牙咧嘴地说一句：“元兴寺——”

《百怪图卷·元兴寺》
佐胁嵩之
福冈市博物馆藏

《画图百鬼夜行·元兴寺》
鸟山石燕
川崎市市民美术馆藏

座敷童子 ざしきわらし

孩童形象的家中守护神

遍布日本各地的座敷童子

孩童形象的妖怪座敷童子，主要出现在以岩手县为中心的东北地区的人家里。座敷童子在日本各地还有多种不同叫法。

座敷童子通常会出现在从以前传下来的宅院或仓房里，大多是两三岁到十岁的，剪着娃娃头的红脸孩童形象。

远野地区的座敷童子

最早向大众介绍座敷童子的是柳田国男。他在《远野物语》中记载了以下传说。

在远野地区的土渊村，某户人家的女儿平时要去很远的学校上学。这天放假回到家里时，在走廊上遇见男孩模样的座敷童子，不由大吃一惊。另外，在另一户人家里，母亲正独自做针线活，忽然听到隔壁房间传来沙沙声响。那是她丈夫的房间，但这个钟点丈夫应该外出不在家才对。她觉得很奇怪，打开房门一看，里面却空无一人。过了不一会儿，隔壁房间又传来擤鼻子的声音。这时她才意识到：原来是座敷童子呀。

据说，家里有座敷童子的话，就会富裕兴旺；但如果座敷童子走掉的

话，家里就会逐渐衰落。

同村的有钱人山口家里从前就一直住着女童形象的神。有一次，村民们在桥边看见两个陌生的女孩子，就问道："你们从哪里来？要到哪里去？"女孩子回答："从山口家里出来，要到邻村的人家里去。"村民们心想：山口家恐怕要家道中落了吧。

没过多久，山口家的二十多个人（连同用人在内）因为吃了毒蘑菇而全部中毒死掉了。从那之后，山口家就断绝了。而座敷童子后来去的邻村那户人家，则一直富裕兴旺。

在学校玩耍的座敷童子

远野乡人佐佐木喜善不仅向柳田国男讲述座敷童子的传说，自己也写过关于座敷童子在学校里玩耍的事。

土渊村的小学里，有一个座敷童子每天都会出来和一年级的学生一起玩耍。一年级学生能看得见他，但高年级的学生和大人们却看不见他。

另外，远野的旧粮仓改造成小学校舍之后，每天晚上九点，就会有一个穿着白色和服的六七岁小孩从大门门缝钻进来，在课桌和椅子之间穿行，玩得不亦乐乎。

座敷童子和护法童子

座敷童子被认为是住在家里，为家里带来繁荣兴旺的守护神。但为什么是以孩童形象出现呢？这是因为，日本自古以来就相信，孩童是连接"神"与"人"的存在。

在祭祀仪式中，那些穿有特别装束的童子——他们是作为神灵附体而出场的。而在佛教中，则信奉"护法童子"——守护佛法的神所使唤的孩童形象的鬼神。

佐佐木喜善还写过这样一个传说：从前，在高野山上有一个小和尚。老和尚每次外出时只要带上这个小和尚，无论遇到多大的暴风雨，即使不

打伞也不会被淋湿。

然而有一天，小和尚说道："我睡觉的模样被大家看见了，所以不能再继续留在这里了。"临别之际，他说想要一棵杉树，然后就从这棵杉树升到天上去了。这棵杉树一直留存至今，而杉树所在的寺院也长年没有发生过火灾——这要归功于那个小和尚。人们认为，那个小和尚就是一位护法童子。

《〈雨月物语〉里出现的黄金精灵》
早稻田大学图书馆藏
一个小老头出现在青森县一家昌盛的武士府邸里。
黄金精灵也被认为是座敷童子的原型

油坊·油赤子·油返

あぶらぼう・あぶらあかご・あぶらかえし

偷盗贵重灯油之人的亡灵

因为偷盗灯油而受罚，变成火球飞舞的亡灵

从前，人们在灯座或灯台上燃烧灯油，从而获得光亮。这灯油是从油菜籽、桐油树等植物或鱼类中提取制成的，十分贵重。所以，浪费灯油、偷盗灯油的行为被认为罪大恶极，偷油之人会受到惩罚而变成妖怪。

据说，在滋贺县，春夏之际会出现神秘之火——其真身被称为油坊，是从前因为偷盗灯油而受罚的比睿山僧人的亡灵。

在大阪府，下雨的晚上，也会出现到处飞舞的直径约三十厘米的火球。据说，这火球的来历是这样的：从前，有个老太婆每晚到附近的神社去，把供神灯里的油偷取回自己家里用。老太婆受到神罚而死之后，被神变成了火球，又被人们称为“姥火”。

据说，火球有时会突然从窗口飞进家里，舔几口灯座上的灯油，然后又飞走。舔尝灯油时会呈现出婴儿（赤子）的姿态，所以有的地区又把这种怪火称为“油赤子”。

表现为人的形象的灯油妖怪

日本东北地区有一种名叫油尝赤子的妖怪，不过并非表现为怪火。江

户时代中期，有个抱着婴儿的女人迷路了，就在村长家中留宿。半夜，在被窝里熟睡的婴儿突然爬起来，把灯油一滴不剩地舔了个干净。天亮后，女人抱着婴儿出发了。走到半路，她放下婴儿休息时，那婴儿突然像皮球一样蹦起来，到处跳来跳去。

在新潟县，如果浪费灯油的话，一种名叫油返的妖怪就会出现。“油返”就是“把油还给我！”的意思。

在熊本县的天草地区，有一种提着油壶的名叫油澄的妖怪。这种妖怪也经常训诫人们不可浪费灯油 。

《怪谈见闻实记》这本书记载了这样的传说：从前，有一个叫宗源的人因为偷油而被处死。他的怨恨化为一团烈火，然后又分散为三四团火飞到空中，最后又聚集成一团——这就是“宗源火”。这个传说演变成“油坊”的故事，在民间流传甚广，而且融入了人们的实际生活中。

兵库县也有类似的传说。昆阳池（据说是奈良时代的僧人行基挖建的）南边的墓地有怪火出来，然后飞向一个叫中山的地方。据说，这怪火是从前偷了中山寺灯油之人的亡灵，被称为油返。

另外，生前每天游手好闲、无所事事的人，死后其灵魂会变成“火间虫入道”，经常舔尝灯油，妨碍别人晚上工作。

《今昔画图续百鬼·油赤子》鸟山石燕
日本东北大学附属图书馆藏
从前，在现在的滋贺县大津一带，有个偷地藏菩萨灯油的人，其死后的灵魂变成了会飞的火球。舔尝灯油的赤子也许就是这个人转世投胎而来

《今昔百鬼拾遗·火间虫入道》鸟山石燕
日本国立国会图书馆藏

读绘卷

付丧神

器物妖怪们

《百器夜行绘卷·旧器物变成的妖怪》
兵库县立历史博物馆藏

从前和现在不一样，一到夜晚，就连京都也会变成黑暗而可怕的地方。人们相信，半夜的街道上有很多妖怪聚集在一起。

在平安时代，这种现象被称为百鬼夜行。人们害怕会碰见妖怪，所以晚上都躲在家里，尽量不外出。

镰仓时代的故事集《宇治拾遗物语》记载了这样一个传说。有个修行僧人在破旧的寺院里专心地诵念“陀罗尼咒语”，半夜时许多妖怪纷纷举着灯火聚集而来，然后在拂晓将至时又吵吵嚷嚷地离去了。

古人相信，所有的东西都有灵魂，就连人们制造的器物也不例外——这些器物经年累月变旧之后，灵魂的力量就会逐渐加强，使器物自身活动起来。人们使用了一百年的旧器物，以及虽然没使用这么久，但被人们厌倦并丢弃的器物，会因为怨恨而变成妖怪，在黑暗的夜晚出来骗人。

这种器物妖怪被称为付丧神。从室町时代到江户时代，人们创作的很

《付丧神绘词》
京都市立艺术大学艺术资料馆藏
在岁末大扫除时被扔掉的旧器物们，对忘恩负义的人们怀恨在心，变成妖怪进行报复。为此，它们围着书案『古文先生』商量对策

多物语和绘卷都表现了“器物妖怪在夜间的街道上结伴游行”的场面。

创作于室町时代的《付丧神绘卷》描绘了这样的内容。许多在岁末大扫除时被扔到路边的旧器物变成了付丧神，它们在各个路口聚集，抢夺人或财物，给村民们造成很大的困扰。后来在高僧的教导下，这些付丧神认识到了自己的恶行并悔过自新，不断修行佛教，最终得道成佛。

同时期创作的《百鬼夜行绘卷》则精彩细致地描绘了《付丧神绘卷》中的器物妖怪结伴游行的场面——追赶头披白布的妖怪的赤鬼，白狐、犀牛等奇妙的兽类妖怪，石灯笼妖怪，染黑牙齿的丑陋女妖怪，锅、釜、炉上支锅的三脚架、擂杵、勺子等厨房器具，经卷……各种奇幻的器物妖怪一边跳舞一边游行，被描绘得活灵活现。在绘卷最后，随着明亮的太阳升起，妖怪们在黑暗中的游行宣告结束。

《百器夜行绘卷·灯台、擂钵、笸篓、天狗等妖怪》
兵库县立历史博物馆藏

《百器夜行绘卷·裤裙、腰带、角盥、木桶变成的妖怪》
兵库县立历史博物馆藏

到了江户时代，阅读“草双纸”[1]成了人们的娱乐方式之一。其中，《百鬼夜行绘卷》等描绘器物妖怪的画大受欢迎。

“器物旧了就会变成妖怪”的这种观念，不仅在江户等城市流行，而且还传到了其他地区。人们为了安抚器物的灵魂，每到正月时，就会举行各种器物的辞旧迎新仪式，例如：给石臼拉上注连绳[2]，并供奉年糕。其意义在于：通过祭拜器物，使器物的灵魂每年都能获得重生。

1. 草双纸：江户时代中期之后开始流行的通俗绘本小说。
2. 注连绳：用稻草编制的双股草绳，寓意是“分界线”，将神圣的场所与其他区域分开。

《付丧神图》伊藤若冲

福冈市博物馆藏

《百器夜行图》月冈芳年

川崎市市民美术馆藏

达摩、杯子、琵琶、三味线、陶瓷器等各种妖怪

器物妖怪们

①文车妖妃

文车的妖怪。所谓“文车”，是用来搬运书和信件的工具。学者与和尚写的书，时隔日久之后，有时会被忽视，被误读。更何况是那些倾注了热切思念的情书，被丢弃之后，时间一久就会变成这种妖怪。

②琴古主

古筝的妖怪。从前曾经名声远扬的古筝能手——八桥检校演奏的《筑紫琴》，后人只知其名，却不知其音。为了倾诉自己的怨恨，古筝化为妖怪现身。

③蓑草鞋

蓑衣和草鞋的妖怪。蓑衣和草鞋都是用容易腐烂的稻草做成的，因此没过五十年、一百年就会变成妖怪。这种妖怪似乎有些悲情色彩。

④濑户大将

陶瓷器[1]的妖怪。破烂的陶瓷器集合起来，变成武士形象的妖怪——

①文车妖妃
《百鬼徒然袋》 鸟山石燕
日本国立国会图书馆藏

1. 陶瓷器在日语中叫“濑户物”，因此陶瓷器妖怪被称为“濑户大将”。

②琴古主
《百鬼徒然袋》 鸟山石燕
日本国立国会图书馆藏

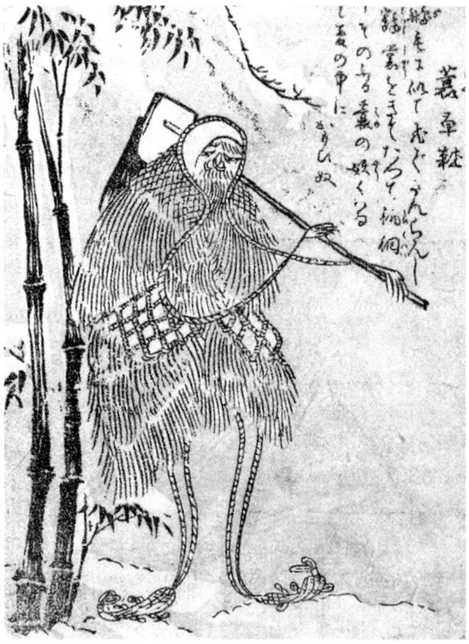

③蓑草鞋
《百鬼徒然袋》 鸟山石燕
日本国立国会图书馆藏

脸是酒壶，背上背着烫酒锅，铠甲是绘有图案且带有裂纹的碟子和大碗，脚是勺子。

⑤木鱼达摩

木鱼的妖怪。木鱼原本是模仿鱼的形状而做成的。因为鱼没有眼睑，所以被认为无论昼夜都不睡觉。敲木鱼具有鞭策修行僧人努力精进的意义。木鱼达摩，是被扔在禅寺地板上无人理睬的木鱼变成的妖怪。

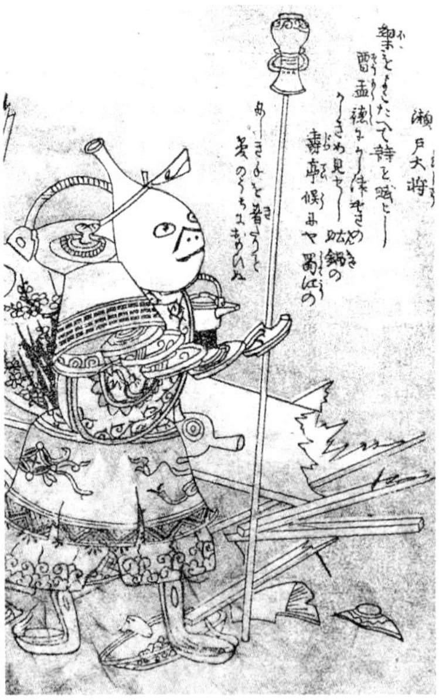

④濑户大将
《百鬼徒然袋》 鸟山石燕
日本国立国会图书馆藏

⑤木鱼达摩
《百鬼徒然袋》 鸟山石燕
日本国立国会图书馆藏

垢尝·天井尝

あかなめ・てんじょうなめ

舔尝浴室污垢或天花板的肮脏妖怪

肮脏的妖怪

垢尝是一种舔尝污垢的妖怪。当夜深人静时，它会出来舔尝浴盆或浴室的污垢。

这种妖怪令人觉得恶心。为了防止它跑到家里来，人们平时会把浴室和浴盆洗干净。没有人见过这种妖怪的样子，从“垢”字可以想象大概长

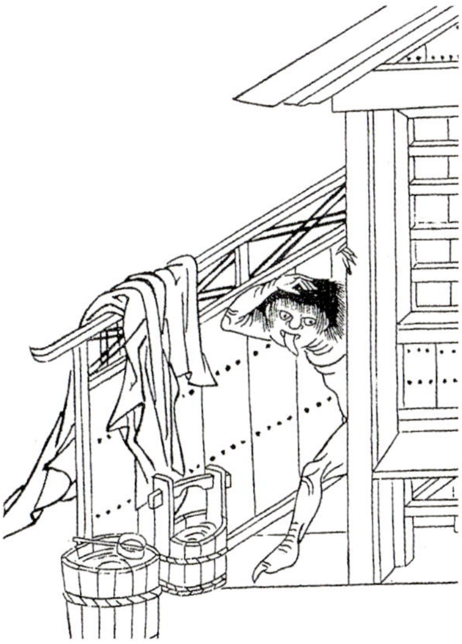

《画图百鬼夜行·垢尝》
鸟山石燕
川崎市市民美术馆藏

《画图百器徒然袋·天井尝》
鸟山石燕
川崎市市民美术馆藏

着红脸吧[1]。很多灰尘和污垢不断堆积起来，就变成了这种妖怪。

怪物栖息在阁楼上

天井尝[2]是高个子、长舌头的妖怪，在没人的时候出来，伸出长舌头舔尝天花板。据说，天花板上的斑痕污垢，就是这种妖怪舔尝而形成的。即使点着灯火，天花板也仍然有些昏暗，据说这也是这种妖怪造成的。

阁楼这个地方，虽然也属于家中的一部分，却和房间、走廊大不一样。它被认为是怪物们所在的异界空间。很多故事都有类似的情节：阁楼上横七竖八地堆积着许多被鬼咬死的尸体；鬼躲藏在阁楼上，突然跳出来……

悬挂在天花板下方的妖怪叫作天井下。日语中有个现在比较少用的惯用语，叫“展示天花板”——当向别人展示天花板时，对方只得仰面倒下。因此，用这个惯用语来表示故意为难别人，让人吃苦头。

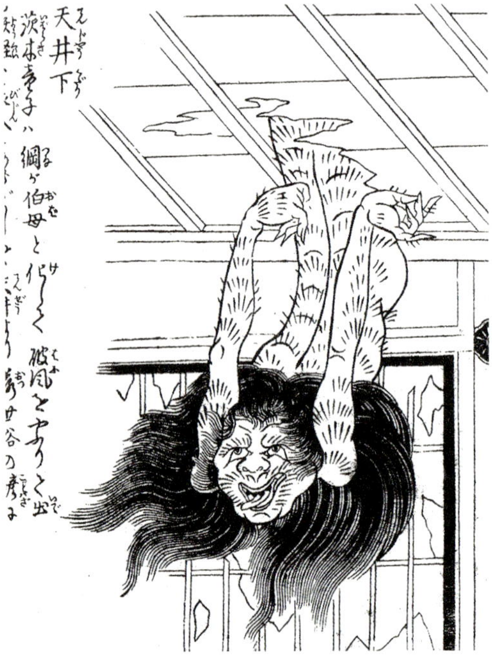

《今昔画图续百鬼·天井下》
鸟山石燕
日本东北大学附属图书馆藏

1. 在日语中，“垢”字和“赤”字发音相同。
2. 在日语中，“天井”表示天花板、棚顶、阁楼的意思。

枕返 まくらかえし

在人睡觉时，故意玩移动枕头的恶作剧的妖怪

人睡醒后发现枕头移动了

早上起床一看，有时会发现枕头的位置和睡前反了过来，或是跑到别处去了。如今这通常被认为是由于睡觉不踏实，老动来动去，但以前的人们却认为是枕返这种妖怪之所为。

为什么枕头会移动呢？传说是在这房间死去之人的灵魂在搞恶作剧。

从前，旅馆里住着一个盲人旅客。他以为没人看见，就把身上带着的钱拿出来数。旅馆主人在旁边看见这么多钱，就动了坏心思。

第二天一早，主人自告奋勇为盲人旅客带路，结果把他带到山里，猛扑上去，把钱全部抢走了。从此之后，盲人的灵魂潜入了这家旅馆，看到有谁在这个房间住宿就故意移动他的枕头。

在日本东北地区，人们认为枕返现象是座敷童子（参见 269 页）之所为。座敷童子是住在家里、为家里带来繁荣兴旺的守护神。当地人认为，既然是守护神的恶作剧，那么枕返就根本不可怕，或者反而是幸运来临的预兆吧。

美女形象的枕返

美女形象的枕返，有时候被认为是发生坏事的前兆。

在石川县金泽地区的一座宅院里，某天晚上，五个在此留宿的年轻人点着灯火，躺着聊天。聊到兴头上时，枕返出现了。虽然大家都处于清醒状态，却发现每个人的头和脚的位置都颠倒过来了。

后来，又有一个男人在这座宅院留宿，挂起蚊帐睡觉。半夜里，有个美女打开拉门，偷偷地走了进来。她在蚊帐外面量了一会儿蚊帐的尺寸，然后又关上拉门走掉了——这蚊帐起到了设置禁区、防止妖怪进入的作用，所以睡在里面的人才安然无恙。

美女形象的枕返有时还会夺人性命。有个仆人在宅院前看见美女枕返对着自己笑，然后他就昏迷过去并患上重病，不久就死掉了。

《画图百鬼夜行·反枕》
鸟山石燕
川崎市市民美术馆藏

恙虫·吉六虫·常元虫·菊虫

つつがむし・きっちょんむし・じょうげんむし・おきくむし

死者灵魂变成了虫的妖怪

吸人鲜血的恙虫

从前，在齐明天皇的时代（七世纪中期），一种叫恙的类似壁虱的虫子出现在岛根县一带的深山里。夜晚，恙虫潜入人们家里，吮吸睡着之人的鲜血。被吸血之后，有的人就死掉了。后来，阴阳博士消灭了这些恙虫。从那之后，人们就用“无恙”这个词语来表示平安无事的意思。

所谓“阴阳博士”，是日本古代政府机构“阴阳寮”的教官，专门研究古代中国的阴阳五行学说——该学说认为，世界万物都是在“阴阳五行”的法则下运行的。

亡魂变成虫妖

死人的灵魂有时会变成虫妖现身。江户时代，枥木县一带住着一个名叫吉六的男人。吉六经常被邻居六兵卫瞧不起，因此怀恨在心。有一天，吉六把六兵卫杀死了，自己也被关进监狱处死。吉六的灵魂后来变成“吉六虫”出来恐吓人。

还有另外一个传说。有个武士后来变成恶棍，到日本各地胡作非为。上了年纪之后，他回到了故乡滋贺县，但仍然作恶多端。后来，在大家的劝说下，他削发为僧，改名为“常元”，开始好好过日子。然而，他因为从前犯下的

罪行而被官府捉住，被捆绑在柿子树上处以死刑。其尸体就埋在那棵柿子树下。

过了几天，当地出现了许多怪虫。这种怪虫的形态很像一个被捆住的人。然后，怪虫又变成青蛙跳走了。此后每年都会出现这种怪虫。人们认为这就是常元的亡灵，所以将其命名为“常元虫”。

死亡女性的亡灵

奈良县和大阪府的分界处——“穴虫”这个地方，住着一个名叫木熊的女人。她因为偷盗邻村马场村的萝卜而被村民抓住。为了表示惩戒，村民们把她埋进土里，只露出头部。她说道：“我死之后会变成虫子，把你们村里的萝卜全部咬烂。”说完就断气了。从那以后，马场村的萝卜经常长虫子，收成很差。人们把这种虫子称为“木熊虫”。

还有另一个传说。当地有个名叫阿菊的十五岁姑娘，因为家里穷，不得不背着重重的货物，走街串巷地卖梳子。然而，梳子很难卖出去，连米都没钱买了。有一天，阿菊心怀内疚地偷偷溜进粮仓，想偷点米回去做一顿饭。结果被看守发现了。阿菊跳进小河里躲藏起来，但最终还是被看守刺死了。从那之后，每当插秧时节，那条小河里就会出现很多形似梳子的小虫。人们把这种小虫称为“菊虫”。

兵库县姬路城附近出现的“菊虫”，来历却不同。正如《播州皿屋敷》这个有名的怪谈所述，用人阿菊打烂了主人的祖传宝贝碟子，结果被杀死了。后来从井里飞出许多虫子，其形状就跟被反绑双手吊起来的阿菊一样，所以被认为是阿菊的亡灵。

《绘本百物语·恙虫》
竹原春泉
川崎市市民美术馆藏

《绘本百物语·菊虫》
竹原春泉
川崎市市民美术馆藏
打烂主人碟子的阿菊之亡灵

钱神·金灵 ぜにがみ・かなだま

从天而降的金银

傍晚时分，像薄云一样的东西笼罩下来，发出奇妙的声音，沿着民房的屋檐下奔走。如果你用刀砍断它的话，就会有很多钱财掉下来。这种罕见的妖怪被称为钱神，在《古今百物语评判》里有记载。

另一种叫金灵的妖怪与此类似。某日，仓库的门突然打开，不知从哪里涌进许多金银财宝。

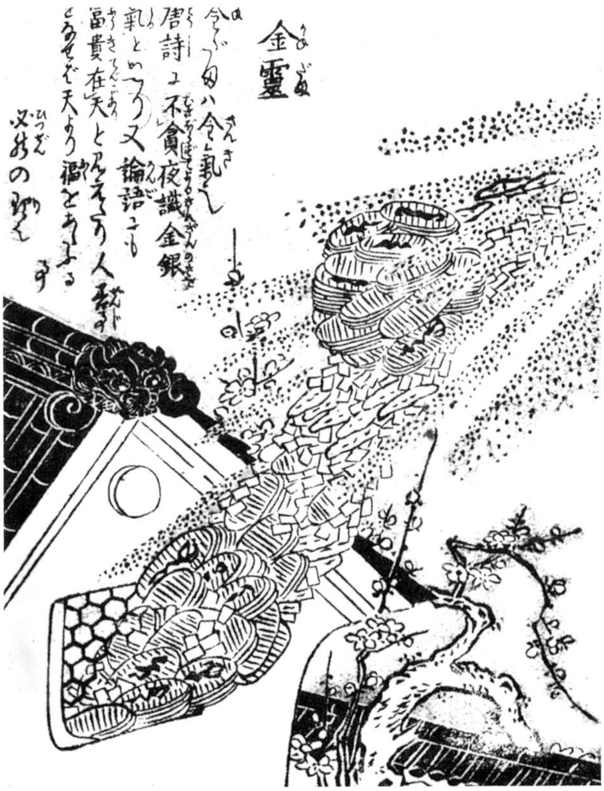

《今昔画图续百鬼·金灵》
鸟山石燕
日本东北大学附属图书馆藏

长壁 おさかべ

居住在姬路城天守阁的老太婆

这种妖怪居住在兵库县姬路城的天守阁顶上，每年一次以老太婆的姿态出现在城主面前，但其他人是看不见的。据说，它本来是天守阁建成时的山神，也被认为是城楼的守护神。

其真身是一只名叫“于佐贺部狐”的狐狸。传说，它曾派出手下的八百只狐狸去读取人心，作怪骗人。

《妖怪着到牒·长壁》
北尾政美
东京都立中央图书馆特别文库室藏

《今昔画图续百鬼·长壁》
鸟山石燕
日本东北大学附属图书馆藏

加牟波理入道 がんばりにゅうどう

出现在厕所的光头妖怪

加牟波理入道是出现在厕所的光头妖怪。据说，人们只要在除夕之夜到厕所诵念一句“加牟波理入道，布谷鸟”，就能防止这妖怪出来。

布谷鸟又叫“郭公”，而“郭公”与中国的厕所之神“郭登”发音相近，所以才会在厕所念这句咒语。不过，有另一种说法认为在厕所听到布谷鸟的叫声是不吉利的。

《今昔画图续百鬼·加牟波理入道》
鸟山石燕
日本东北大学附属图书馆藏

毛羽毛现 けうけげん

很少有机会见到的毛茸茸的妖怪

毛羽毛现这种妖怪浑身长毛，眼睛圆溜溜的。中国古代有个仙人名叫“毛女”，浑身毛茸茸的，疾走如飞。据说，“毛羽”就是因为与“毛女”相似才叫这个名字。因为这种妖怪很少有，也很少有机会见到，所以其名称又可写成“希有希见”[1]。

《今昔百鬼拾遗·毛羽毛现》

鸟山石燕

川崎市市民美术馆藏

1. 通“稀有稀见”。在日语中，“希有希见”与“毛羽毛现”发音相同。

目竞 めくらべ

千万个骷髅头的眼睛瞪着平清盛

平安时代末期，平清盛不顾朝臣们的反对，把都城迁到了今兵库县神户市的福原一带。结果发生了各种异常现象，例如：有时出现女人的大脑袋，有时则出现许多骷髅头。平清盛入睡时，梦见眼前出现了两个骷髅头，然后增加到十个、二十个、成百上千个，最后变成千万个，全部瞪着他。平清盛也不甘示弱，瞪大眼睛与其对视。不久骷髅头就消失了。《平家物语》里面记载了这个传说。

《新形三十六怪撰·平清盛在福原看见数百个人头之图·目竞》
月冈芳年
静冈县立中央图书馆藏

古库里婆 こくりばば

栖息在山寺厨房的老太婆妖怪

在某座山寺，第七代前住持的妻子的灵魂栖息在厨房里，偷取人们布施的米和钱，甚至把刚死之人的皮剥下来吃掉，非常可怕。“古库里婆”的“库里”，就是寺院厨房的意思。

《今昔百鬼拾遗·古库里婆》
鸟山石燕
川崎市市民美术馆藏

面疠鬼 めんれき

旧面具变成的妖怪

从前，有个人去探望年迈的母亲。到晚上时，不知从哪里走出来一个头发凌乱、身穿蓝色和服加藏青色围裙的女人。问她名字，她不回答，转身逃走，随即渐渐消失了。

这人觉得奇怪，到处查找原因，最后发现了一个旧面具。他知道这才是妖怪之本体，于是就把它拿到村里的神社去供养。后来就平安无事了。

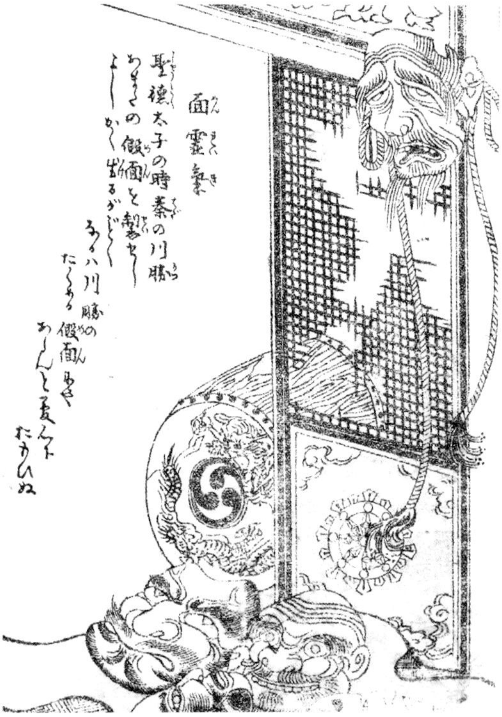

《百鬼徒然袋·面灵气》
鸟山石燕
日本国立国会图书馆藏

小袖之手 こそでのて

和服上残留着原主人的怨恨

江户时代初期的京都，有个人从估衣铺里买了一套旧和服，拿回家给女儿穿。结果没过多久女儿就生病了。后来又接二连三地发生了各种奇异现象，例如：有个穿着那套和服的陌生女人站在家门前，随即又立刻消失；那套和服挂起来时，从袖口伸出了女人的白皙的手……他仔细查看和服，发现肩头处有斜砍的刀痕，不过被缝补好了。他猜想：这套和服的原主人应该是被刀砍死了，现在这和服上还残留着她的怨恨吧。于是，他就把和服拿到寺院去供养。后来，他女儿的病也很快痊愈了。

二口女 ふたくちおんな

用两张嘴巴吃饭

有一位母亲，只疼爱自己的亲生孩子，对丈夫前妻的孩子却很刻薄，甚至不给他饭吃。那孩子就这样饿死了。

孩子死后的第四十九日，父亲砍柴时误伤了妻子的头部。这伤口一直都没愈合，后来竟变成嘴唇的形状，并长出牙齿和舌头，令她疼痛不堪。她发现给这张“嘴巴”喂饭的话能缓解疼痛，于是就每天“喂饭”，仿佛用两张嘴巴吃饭一样。这张嘴巴还说出了这么一句话：“因为我的坏心眼，把丈夫前妻的孩子害死了。”

《绘本百物语·二口女》
竹原春泉
川崎市市民美术馆藏

目目连 もくもくれん

拉门上出现的许多眼睛

无人居住的荒废房屋的拉门上，出现了许多眼睛。这旧房子的原主人可能是个爱下围棋之人。

围棋这种游戏，是在纵横划线的棋盘上轮流下黑子白子，最后看谁围的地多。这种游戏是很容易让人上瘾的，甚至有人劝诫说："沉迷围棋的话，就赶不上给父母送终啦。"目目连这种妖怪，大概是沉迷围棋而导致家道中落之人的眼睛转移到拉门上而变成的吧。

《今昔百鬼拾遗·目目连》
鸟山石燕
川崎市市民美术馆藏

后记

现代还需要妖怪吗？

岩井宏实

从前人们觉得神秘的各种现象，在现代都能得到符合科学依据的解释。在这样的现代，妖怪仍然深受人们的喜爱和亲近。尤其是近二三十年，甚至可以说掀起了一股“妖怪热”。

人们对妖怪兴趣渐浓，是从日本经济迅速发展的昭和三十年代（1955—1964 年）开始的。《恶魔君》《咯咯咯的鬼太郎》《河童三平》等动漫作品引起了少男少女们的共鸣。《咯咯咯的鬼太郎》的原型，其实是取材自从以前流传至今的座敷童子。另外，像一反木绵、涂壁等传统妖怪也登上了电视屏幕或动漫作品。

孩子们每天在学校上课，放学回家还要参加各种补习班或兴趣班，时间被安排得满满的，没有一点余裕。对这样的孩子们来说，妖怪能让他们感受到一种心灵的平静。妖怪是寄托梦想与浪漫的绝佳之物，因此，无论小孩还是大人，都乐在其中。

昭和五十四年（1979 年），口裂女在全国出没的消息引起了轰动。其实，口裂女与传统的山姥形象有许多相似之处。

从平成时期（1989—2019 年）起，“校园怪谈”开始在全国各地流行开来。《厕所的花子》就是其中的代表作。校园怪谈的舞台，除了厕所之外，还有保健室、音乐教室、体育馆等。相对于平时上课的教室来说，这些场所属于比较陌生的非日常空间，可以说是一种异界空间。这样的场所，也是传统的日本妖怪经常出现的地方。

其实，这些校园怪谈里的妖怪，并不会使孩子们真正感到恐惧或

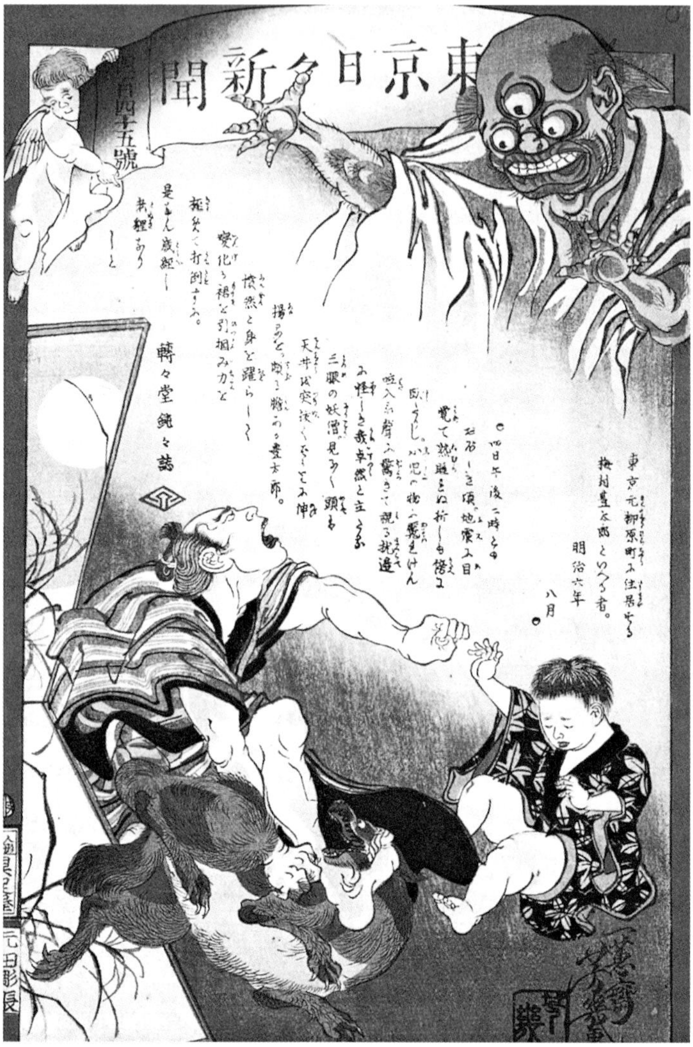

《东京日日新闻》四百四十五期　落合芳几
日本国立国会图书馆藏
明治六年（1873年）八月四日出现了老狸变成的妖怪。即使在文明开化的时代，江户的妖怪们依然存在

危险，而会让他们产生一种亲切感。通过怪谈故事，能够短暂地进入异次元的世界，使绷紧的心灵变得平静。并且不是独自一人看，而是几个好友，甚至全班大部分同学一起幻想、幻觉、幻听……由此，孩子们之间会产生一种连带感，促进相互之间的交流。

在文化高度发展的现代，经常会遇到这种情况——即使自己竭尽全力，也无法成功，无法得到别人的认可。在这种时候，人们希望通过探索用常识无法解释的神秘世界来治愈精神上的痛苦。这个神秘世界就是妖怪的世界。可以说，现代正是一个需要“妖怪愿望”的时代。

索 引 / 依据音序排列 /

主要参考书目 /按照作者姓名发音的五十音音序排列/

赤坂憲雄『異人論序説』砂子屋書房
悪魔研究会編『悪魔の研究』六興出版
アダム・カバット校注・編『江戸化物草紙』小学館
阿部主計『妖怪学入門』[雄山閣ブックス]雄山閣出版
阿部正路『日本の妖怪たち』[東書選書]東京書籍
阿部正路・千葉幹夫編『にっぽん妖怪地図』角川書店
有井　基『怨霊のふるさと——兵庫のミステリー』のしぎく文庫
安藤　操・清野文男『河童の系譜——われらが愛する河童たち』日本エディタースクール出版部
池田弥三郎『日本の幽霊』中公文庫
池田弥三郎『空想動物園』コダマプレス社
悳俊彦編・解説、須永朝彦文『国芳　妖怪百景』国書刊行会
石上　堅『木の伝説』宝文館
石田英一郎『新版　河童駒引考』[岩波文庫]岩波書店
石川純一郎『河童火やろう』東出版、桜楓社
石川純一郎『新版　河童の世界』時事通信社
石川文一『琉球怪談選集』沖縄文教出版
石塚尊俊『日本の憑きもの——俗信は今も生きている』未来社
石橋臥波『鬼』裳華書房
磯清『民俗怪異篇』「日本民俗叢書」磯部甲陽堂
市原麟一郎『土佐の怪談』一声社
市原麟一郎『土佐の妖怪』一声社
乾克己ほか編『日本伝奇伝説大事典』角川書店
井上円了『井上円了・妖怪学全集』(全六巻)柏書房
井之口章次『日本の俗信』弘文堂
岩井宏實『暮しの中の妖怪たち』[河出文庫]河出書房新社
岩井宏實文、川端誠絵『少年少女版　日本妖怪図鑑』文化出版局
岩井宏實文、川端誠絵『少年少女版　日本妖怪ばなし』文化出版局
岩井宏實監修、近藤雅樹編『図説　日本の妖怪』[ふくろうの本]河出書房新社
江戸イラスト刊行会編『人物妖怪』柏書房
江馬務『日本妖怪変化史』[中公文庫]中央公論新社
岡田章雄『犬と猫』毎日新聞社
岡田建文『動物界霊異誌』「郷土研究社第二叢書」郷土研究社
岡田建文『幽冥界研究資料1・2』周防国宮市天行居
岡田建文『靈怪真話』慈雨書洞
尾崎久弥編『怪奇草雙紙画譜』国際文献刊行会
笠井新也『阿波の狸の話』郷土研究社、『日本民俗誌大系　第3巻』角川書店
粕　三平『お化け図絵』芳賀書店
神田左京『不知火・人魂・狐火』春陽堂
京極夏彦ほか文、多田克己編『竹原春泉　絵本百物語——桃山人夜話』国書刊行会
京極夏彦文、多田克己編・解脱『暁斎　妖怪百景』国書刊行会
窪田明治『江戸動物民話物語』雄山閣
桑田忠親ほか編『妖異風俗』「講座日本風俗史別巻第6巻」雄山閣
小松和彦『異人論』青土社
小松和彦『日本妖怪異聞録』[小学館ライブラリー]小学館
小松和彦『憑霊信仰論——妖怪研究への試み』[講談社学術文庫]講談社
小松和彦『妖怪学新考——妖怪からみる日本人の心』小学館
小松和彦・内藤正敏『鬼がつくった国・日本』光文社
五来重『鬼むかし——昔話の世界』[角川選書]

角川書店
近藤喜博『日本の鬼』桜楓社
今野圓輔『怪談——民俗学の立場から』現代教養文庫
今野圓輔『日本怪談集（幽靈篇）』現代教養文庫
今野圓輔『日本怪談集（妖怪篇）』［現代教養文庫］社会思想社
桜井徳太郎ほか『変身』「ふおるく叢書」弘文堂
佐々木喜善『奥州のザシキワラシの話』「日本民俗誌大系　第9巻」角川書店
佐竹昭広『酒呑童子異聞』平凡社
佐藤米司編『岡山の怪談』日本文教出版
沢田瑞穂『鬼趣談義』国書刊行会
柴田宵曲『妖異博物館　正・続』青蛙房
柴田宵曲編『随筆辞典　第4巻奇談異聞編』東京堂
白井光太郎『植物妖異考　上・下』甲寅叢書刊行所
真保亨・金子桂三編『妖怪絵巻』毎日新聞社
関山守弥『日本の海の幽霊・妖怪』学習研究社
高田　衛『餓鬼の思想』新読書社
高田　衛監修、稲田篤信・田中直日編『鳥山石燕　画図百鬼夜行』国書刊行会
高橋秀雄・小山豊『祭礼行事・和歌山県』おうふう
武田明編『日本の化かし話百選』三省堂プックス
武田静澄『河童・天狗・妖怪』河出書房
只腰宏子『間関記』太洋社
田中香涯『医事雑考・妖異変』鳳鳴堂書店
田中香涯『学術上より観たる怪談奇語』
田中貴子ほか『図説　百鬼夜行絵巻をよむ』［ふくろうの本］河出書房新社
田中初夫編『図画百鬼夜行』渡辺書店
谷川健一『鍛冶屋の母』思索社
谷川健一『神・人間・動物』平凡社
谷川健一『続日本の地名』岩波新書
谷川健一『魔の系譜』紀伊國屋書店
谷川健一監修『別冊太陽 No.57　日本の妖怪』平凡社
谷川健一編『子供の民俗誌』『日本民俗文化資料集成24』三一書房
谷川健一編『妖怪（日本民俗文化資料集成8)』三一書房
谷川健一編著『稲生物怪録絵巻——江戸妖怪図録』ミネルヴァ書房
千切光歳『鬼の研究』大陸書房
千切光歳『仙人の研究』大陸書房
千切光歳『天狗考　上』濤書房
千切光歳『天狗の研究』大陸書房
知里真志保『アイヌ民譚集』岩波文庫
千葉幹夫『妖怪ふしぎ物語』［ローカスなるほどシリーズ］ローカス
千葉幹夫編『全国妖怪事典』［小学館ライブラリー］小学館
常光徹『学校の怪談』ミネルヴァ書房
常光徹編『妖怪変化』［ちくま新書］筑摩書房
中村禎里『河童の日本史』日本エディタースクール出版部
中村義雄『魔よけとまじない』塙書房
西角井正大『伝統芸能シリーズ4　民俗芸能』ぎょうせい
芳賀日出男『日本の民俗　上　祭りと芸能』クレオ
馬場あき子『鬼の研究』三一書房
早川孝太郎『猪・鹿・狸』郷土研究社、角川文庫、「世界教養全集　第21巻」平凡社
日野　巌『趣味研究・動物妖怪譚』養賢堂
日野　巌『植物怪異伝説新考』有明書房
平野威馬雄『井上円了妖怪講義』リブロポート
福田清人『日本の妖精たち』三省堂らいぶらりい
藤沢衛彦『図説日本民俗学全集　第4巻民間信仰・妖怪編』あかね書房
藤沢衛彦『妖怪画談集　日本篇上・下』中央美術社
松谷みよ子『河童・天狗・神かくし』「現代民話考1」立風書房
水木しげる『不思議旅行』中公文庫
水木しげる『水木しげるの続妖怪事典』東京堂出版
水木しげる『水木しげるの妖怪事典』東京堂出版

日本妖怪

日本妖怪百科

[日] 岩井宏实 编著
黄悦生 译

CNS 湖南文艺出版社 HUNAN LITERATURE AND ART PUBLISHING HOUSE 博集天卷 CS-BOOKY